新時代の組織づくり

木村 麻子

令和5年度 日本商工会議所青年部 会長
株式会社PR 代表取締役
一般社団法人全日本伝統文化後継者育成支援協会 代表理事

新時代の組織づくり

木村 麻子

令和5年度 日本商工会議所青年部 会長

株式会社PR代表取締役

一般社団法人全日本伝統文化後継者育成支援協会 代表理事

はじめに

Ｄｅａｒ・
会社や組織の未来を担うリーダーの皆様

メタバースやＣｈａｔＧＰＴなどのＡＩの台頭など時代はハイパーボーダレスな『新時代』を迎えています。

そんな中で、皆様の会社や組織、愛するまちが**この新しい時代の波に乗って、ますます成長するのか、変化の波にのみこまれ、取り残されてしまうかは**リーダーの皆様の、かじ取りにかかっています。

また一方で、ＳＤＧｓやＤＥ＆Ｉ、ウェルビーイング、女性活躍やジェンダーレス、ジェンダーフリーなど新しい時代をつくる上で欠かせない、とされるキーワードや情報が次々と飛び交い正直『ついていけない……』と思っている方も多いのではないでしょうか？

その気持ち、よくわかります。なぜなら私も、そう思っていたひとりだからです。

今回、私がこの本を書こうと思ったのは、持続可能で笑顔溢れる「**新時代の組織づくりに役立つ基礎知識**」が一冊にまとまった本が必要と思ったからです。

ＳＤＧｓやＤＥ＆Ｉ、ウェルビーイングや女性活躍、ジェンダーレス、ジェンダーフリーなど、近年よく耳にするこのテーマは、実は**世界に先駆けて、超高齢化社会を迎えた日本にとって生き残りをかけた『成長戦略』**であり、**新しい時代に選ばれる企業、組織、そしてまちづくり**をしていく上で欠かせない、重要なキーワードです。

しかし、まだまだ、そういった認識は薄いですし

●情報が多すぎて混乱している

●本来の目的や意味を誤解している人が多く議論が進まない

といったことがとても多いようです。

実は、私自身も20年前に創業し事業を営む経営者で、国内はもちろんですが

様々な国との国際ビジネスや国際交流も経験させて頂きました。

また、令和5年度には、日本の経済3団体の一つである日本商工会議所の青年部(略称：YEG・令和5年度会員数32400名)の会長職を務めさせて頂き、多くの地方の実情に触れ中小企業の生の声を聞く機会を頂きました。

そういった経験をしてきたからこそいえるのは

SDGsやDE&I、女性活躍などの『新時代のテーマやキーワード』は

『零細・中小企業の組織にこそ必要』であり

皆様の組織が『時代の波に乗って、大きく飛躍するチャンスの種』であるということです。

本書は、忙しいリーダーの皆様が、この時代の波に乗り遅れずに飛躍するために「まずは知っておくべき基礎知識」をまとめました。

今、このタイミングで皆様がこの基礎情報に出逢うことで
あなたの人生や、会社や組織、愛するまちの運命が変わるかもしれません。

本書が、『日本の未来を担うリーダーの基礎力の向上』と
みなさま一人ひとりの人生を豊かにするヒントとなって
日本の持続可能で笑顔溢れる 新時代実現への貢献となれば幸いです。

株式会社PR代表取締役
令和5年度 日本商工会議所青年部会長
(一社)全日本伝統文化後継者育成支援協会代表理事
2025年大阪・関西万博具現化検討会有識者
2030北海道・札幌オリンピック・パラリンピックプロモーション委員会委員
木村 麻子

目次

第2章

世界と日本が目指す『新時代の成長戦略』

持続可能性で笑顔溢れる共創社会

第3章

若ものと女性に選ばれなければ2040年にまちが消滅⁉

第4章

新時代のキーパーソン！
最強の成長戦略
『女性活躍』が日本を飛躍させる

第5章 『外国人』に選ばれ続ける日本へ

第6章

世界に学ぼう！ 『幸福度ランキング』から見たヒント

第7章

究極の共生文化・D&I
世界で最も永く持続する日本は
日本が世界の模範に？

第 1 章

未来は創るもの

The best way to predict the future is to create it.

未来はくるものではなく『創るもの』

The best way to predict the future is to create it.
〜未来を予測する最良の方法は、未来を創ることだ〜

これは経営学の神様とされる ピーター・ドラッガーの著書で『創造する経営者』の未来予測に書かれている名言です。

人が将来や未来に不安を感じるのは『未来が予測できないから』です。
しかし、ドラッガーは未来はやってくるのではなく、創るものであり**理想の未来を、自分たちで創ればよいのだ**といっています。

未来はやってくるのではなく自ら創っていくものです。

そして、その理想の未来を現実にするためには、ビジョンが重要です。

明確なビジョンがあるから組織はワンチームになれる

組織においてのビジョンとは、『実現したい未来像』を明文化したもので、チームが共通で認識する『目指している場所、つまり行き先』です。

いまの活動を日々積み重ねていった先にどのような未来を実現したいのかを明確にしておくことがビジョンを創るということです。

もしも、組織にビジョンがなければどうなるでしょう?

『最終的に、この組織がどこに向かおうとしているのか』をチームに共有できず、それぞれ個々が、なんとなくこっちかな?とバラバラの方向に散らばってしまうなど『ワンチー

ムとしての力』を思うように発揮できません。

しかし、チームの『ビジョン（実現したい未来像・行き先）』がしっかりと示されていれば、全員が迷わずに、その方向に前進していくでしょうし、同じ目標、目的を持ってワンチームとしての力を発揮してくれるはずです。

例え同じチームでも、『ビジョンがある場合とない場合』では、大きく結果が変わることがあります。

例えば、目指すべき方向やビジョンが定まっていなかった場合、突然大きな壁に遭遇したらチームはどうするでしょうか？

『わ！　壁だ！　壁を乗り越えるのは大変だし、別の方向へ行こう』

特に壁の向こう側にいく必要性を感じていなければ無理に大変な思いをしてまで、壁を乗り越えていこうと思う人なんてなかなかいないはずです。

でも、『私たちが目指すべき理想の未来は、あの壁の向こう側！』とメンバー全員が認識していたらどうでしょう？

きっとみんなで知恵を絞り、なんとかこの壁を乗り越えるためのあらゆる手段を考えるでしょうし、力を合わせ協力し合って乗り越えていくことでしょう。

チームが今後、組織として進むべき正しい方向を見失わないように、そして結束して力を発揮できるように、まずは目指すべき未来、『ビジョン（実現したい未来像・行き先）』を明確に定めましょう。

とはいえ、ビジョンってどんなもの？

という方のために幾つかの有名企業の掲げるビジョンをご紹介します。

《有名企業のビジョン例》

ヤフー株式会社「情報技術で人々の生活と社会をアップデートする」

ライオン株式会社「次世代ヘルスケアのリーディングカンパニーへ」

ＬＩＮＥ株式会社「Life on LINE」

〜24時間３６５日生活のすべてを支えるプラットホームになる〜

いかがでしょうか？

会社名だけ見ても、その会社がどのような未来を目指しているか、はなかなか読み取れませんが、企業のビジョンを見れば、**その企業が何を目指しているのか、どのような未来を実現したいと思っているのかがわかります。**

理想を実現するための『現状把握』

理想の未来を創るにはまず実現したい未来、ビジョンを描くことが重要、とお伝えしました。

そして、そのビジョンを実現させていくためには、**『現状』を知ることが重要です。**

それはなぜでしょうか？

ビジョン（実現したい未来）を現実のものにするためには、ビジョンと現状とのギャップ（差異）を埋めていく必要があります。

実現したい理想の未来と現状の差異、ギャップを埋めるために必要な取り組みを一つずつ実行していく。

そうすることで着実に、理想の未来が構築されていくのです。

しかし『現状』を知らなければ当然、理想との『ギャップ（差異）』もわかりませんし、せっかく描いたビジョンもリアリティのない、夢物語になってしまうかもしれません。

まずは『現状』をしっかりと把握することではじめて理想と現実とのギャップが理解でき、今の『課題』が見えてきます。

そして、その**課題解決は、理想を実現するために必要**であり、見て見ぬふりをせずに『今すぐ、取り組むべきテーマ』なのです。

課題は理想を実現するための『チャンスの種』

『問題や課題』を見つけると『大変だ……』と思うかもしれません。

でも、大丈夫！　その課題さえ見つけてしまえばやるべきことが明確になるわけですし、絶対に解決できない課題なんて、ほとんどありません。

それらの課題から目を逸らさずに、一つ一つ取り組んでいけば、どんどん理想の未来の実現に近づいていくわけですから、

解決すべき問題や課題は、**理想を実現するための『チャンスの種』でもあるわけです。**

『時流』の波に乗ろう！
～自分の力以上の発展の可能性～

そしてあと一つ、お勧めしておきたいのは『時流』に乗ることです。

簡単にいえば、時流とは『時代の流れ』のことです。

自宅の固定電話がガラケーになり、そしてスマートフォンに変わってきた

これも一つの時代の流れです。

時代の流れを止めることはできません。

しかし、時代の流れ（時流）を理解することで、**この先、何が必要とされるのか（需要の動向）、そしてどんなものが衰退する可能性があるのかなどが把握できるという大きなメリットがあります。**

そして、その時流に沿ったビジョンを描き事業や活動を構築することによって、時代の大きなチャンスの波に乗り自分の力以上の成長、発展ができる可能性があるからです。

また逆に、時流を知らないことによるリスクは大きなものです。

時代の流れ（時流）を知らないことによって、逆境の波にのみ込まれ、どんどん衰退して、消滅してしまうこともあるからです。

特に今後の日本（地域）や世界がどのように変わっていくのかという時流を知っておくことはとても重要です。

なぜなら、経営や組織運営、まちの未来にとって大きな影響を与えるものだからです。私たちを取り巻く環境が今後、どう変化していくのか、そしてどのような課題があり、チャンスがあるのかこういった時流の基礎情報をまずはしっかりとおさえていきましょう。

この後の第2章では
・日本を含む 世界が今後どう変わろうとしているのか
(どのような新時代を創ろうとしているのか)など世界の『時流』に関する基礎情報をお伝えします。

そして、第3章では、この本の中でも最も重要なテーマの一つでもある、私たちの国、日本と地域の『現状と近未来』の基礎知識を共有します。

ちょっと難しそう……と思われている皆様安心してください。

一つ一つは、とてもシンプルな話です。そして、新時代を創るリーダーがまずは知っておくべき「基礎知識」でありながら、学ぶ場が少なく本来の意味を理解していない人も多いので、このテーマを学ぶだけでもリーダーとして、ワンランクレベルアップです!

ぜひご自身の成長を楽しみながら読んでみてくださいね。

第2章

世界と日本が目指す
『新時代の成長戦略』
持続可能性で
笑顔溢れる共創社会

日本と世界が目指す《新時代》

さて、第1章では、理想の未来を創るためには、ビジョンをえがき現状と時流を知ることが重要、とお伝えしましたが、第2章では、『外部環境』と『時流』について、共有していきたいと思います。

外部環境や時流は、組織や私たちの人生においても大きく影響を及ぼすものですので、しっかりと理解していきましょう。

さて、私たちを取り巻く外部環境といえば、私たちが暮らすまちや地域、そして日本や世界ということになります。

日本や世界の動きと私たちの暮らしや組織にどんな関係があるの？と思う方もおられるかもしれません。

例えば、2022年2月24日にロシアによるウクライナ侵攻が起こりました。

ロシアとウクライナでの出来事なのですから、私たちには関係ないのかといえばもちろん、そんなことはありません。

資源大国であるロシアからの資源や小麦などの輸入制限などにより、日本はもちろん世界中で資源や物資不足による価格高沸など世界中の国々が影響を受けたことは記憶に新しいのではないでしょうか。

ここで伝えたいのは、**日本国内だけではなく世界各国の情勢や動向なども私たちの活動や生活に大きな影響を及ぼす**ものであるということです。

とはいえ、こういった紛争などはなかなか予測不能であったり、たとえ予測できたとしても対処できることは少ないかもしれません。

しかし、予測できる動きもあります。それは日本を含む世界が今後、一丸となって「実現したい未来」として掲げているビジョン「持続可能な新時代の社会づくり」です。

今、世界と日本が実現しようと目指している新時代の社会とは**人と自然が共存し続けることができる**持続可能な「人と自然の共生社会」であり、異なる人同士が多様性を認め合い生かし合って、**誰もが幸福感を感じて生きることができる『笑顔溢れる 共生社会』**です。

そのビジョンを実現するために重要なのが、『SDGs』や、『DE&I』、『ウェルビーイング』や『女性活躍』などのテーマです。また、これらのテーマは、実は経済的・文化的発展の可能性を秘めた成長戦略であり、社会全体の豊かさにも繋がるポジティブアクションでもあるのです。

しかし、言葉は知っているけど、実はよくわかっていない……という方も多いと思いますので、新時代を創る『リーダーの基礎がための第一歩』としてこの日本と世界の新時代を創る重要なキーワードについて学んでいきましょう。

その一つ一つの意味を知れば、皆様の将来や今後、何を意識して取り組むべきなのかを考えるヒントにもなるはずです。

ＳＤＧｓは世界の持続可能な『道しるべ』

さて、持続可能で笑顔溢れる『新時代』を創るために欠かせないキーワードの一つ目はやはりＳＤＧｓでしょう。

ＳＤＧｓはもうたくさん学んだからお腹いっぱい……という方もおられると思いますが、ここで簡単におさらいをしておきましょう。

ＳＤＧｓ持続可能な開発目標（Sustainable Development Goals）とは**「誰一人取り残さない持続可能な社会の実現」**を**目指す世界共通の目標**で、日本も国連加盟国としてこのＳＤＧｓ達成を目指しています。

２０１５年の国連サミットにおいて全ての加盟国が合意して２０３０年を達成年限とし

た「持続可能な開発のための2030アジェンダ」を掲げました。

具体的には、気候変動などによる自然災害や、感染症、人権問題や貧困、紛争など現在、人類が直面している深刻な社会課題を解決し、持続可能な新しい世界を創るために2030年までに世界が達成すべき17の目標と169のターゲットを構成したもので**持続可能な世界への〝道しるべ〟ともいわれています。**

SDGsの経済効果は2030年までに年間1200兆円⁉

そんなSDGsやDE&I、ダイバーシティや女性活躍などの様々なキーワードは日本を含む、世界の『成長政略』であり**持続可能性の向上や、社会全体の豊かさにも繋がるポジティブアクション**である、と先程お伝えしましたがSDGsが一体、どのような成長を生み出すというのでしょうか？

ＳＤＧｓは自然環境の保護のためのプラスチックやフードロスの削減など、倫理的教育やボランティアなどの社会奉仕活動、といったイメージの方が大きく、成長戦略というイメージが持てない方もおられるかもしれません。

しかし、実はこのＳＤＧｓに企業や社会がしっかりと取り組むことによりなんと２０３０年までに**年間１２００兆円もの経済効果を生み出す可能性がある**といわれています。

ＧＸ（グリーントランスフォーメーション）

例えば代表的なものは、温室効果ガス削減のためのカーボンニュートラル（脱炭素）の推進・脱炭素社会の推進であり、成長戦略として日本も大々的に取り組んでいる『ＧＸ（グリーントランスフォーメーション）』です。

世界が今、ＳＤＧｓを通じて解決しようとしている重要なテーマの一つは、世界中の国が排出する大量の温室効果ガスによって大きな影響を受けているとされる**地球の温暖化、気**

候変動の問題です。

GX（グリーントランスフォーメーション）は、温室効果ガスの排出源である化石燃料や電力の使用を、再生可能エネルギーや脱炭素ガスに転換することで社会を変革させ、先端技術を活用して、環境問題を解決することを目指しています。

SDGsゴール13『気候変動およびその影響を軽減するための緊急対策』の一つであり、日本でも2020年に管義偉政権が「2050年カーボンニュートラル」を掲げ脱炭素社会を実現するための具体的なグリーン成長戦略を表明しました。

人類に残された猶予はあと約5年⁉ 年々増加する異常気象と災害

近年、地球温暖化の影響により、豪雨や大型台風などの自然災害が増えています。

多くの人の命を奪う危険性のある地球温暖化は、深刻な社会問題です。

ＩＰＣＣ（国連の気候変動に関する政府間パネル）が２０２１年に発表した報告書によると、現在のような化石燃料に頼った経済活動を続けていくと、気候変動悪化の歯止めが効かなくなる「臨界点」とされる産業革命から１・５度の平均気温上昇に、２０４０年までの間に到達するとされており、人類が排出を許された二酸化炭素量の化石燃料を**あと5年ほどで使い切ってしまうと**いわれています。

そして、このまま日本、そして世界の社会変革が進まないでいると21世紀末には世界の**平均気温は最大4度以上上昇する可能性がある**といわれています。

出典：気象庁「ＩＰＣＣ ＡＲ６／ＷＧ１報告書 政策決定者向け要約（ＳＰＭ）暫定訳」

では、平均気温が上昇するとどのような影響があるのでしょうか？ １８５０〜１９００年平均と比較した場合、10年に1度といわれるような大きな災禍が次々と発生する可能性が示されています。

《10年に1度とされるレベルの「熱波」に見舞われる割合》

＋1・5度で4・1倍、＋2度で5・6倍、＋4度で9・4倍

《10年に1度とされるレベルの「大雨」に見舞われる割合》

＋1・5度で1・5倍、＋2度で1・7倍、＋4度で2・7倍

《食糧危機・水資源不足・感染症の増加》

また、地球の温暖化はこういった大規模な自然災害を引き起こすだけでなく、気温上昇や干ばつによる食料不足、水資源不足、水産・農業生産減少、生態系への影響、感染症の増加など、私たちの暮らしにも多大な被害を及ぼすと予測されています。

・台風の大型化や熱波・干ばつ
・自然生態系の減衰
・食糧危機・土地や財産の損失

など、このままではいずれ地球は、人類が住み続けることができない場所になる。

つまり、持続可能ではなくなっていく、ということが予想されています。

そこで、人類が住み続けることができる持続可能な社会の実現を目指すSDGs達成のための取り組みの一つとして、**環境に配慮した、持続可能な新しい社会経済システムを構築し温室効果ガス削減、脱炭素社会を目指す『GX（グリーントランスフォーメーション）』**が注目されているのです。

そして、実はこの取り組みは、企業が、これまで**取り組んでこなかった環境分野の技術開発やイノベーションの創出、新しい需要を生み出すなど、商品開発に参画するようになり、**実は**大きな経済効果を生み出して**います。

つまり、GXの取り組みは、世界の持続可能性を高める温室効果ガス削減と、経済成長の両立を実現するポジティブな時流も生み出しているのです。

また、そのほかにも、貧困問題や発展途上国の支援などSDGsを達成するためのイノベーションやものづくりサービスの創出などにより多くの経済成長が生まれています。

一例ではありますがSDGsが世界の持続可能性を高め社会課題を解決しながらも、経済成長を促進していく成長戦略でもあり、ポジティブアクションであるということが少しおわかりいただけたでしょうか？

図1：SDGsの各目標の市場規模試算結果（2017年）

（単位：兆円）

目標	市場規模	主な製品・サービス
目標1　貧困をなくそう	183	（マイクロファイナンス、職業訓練、災害保険、防災関連製品 等）
目標2　飢餓をゼロに	175	（給食サービス、農業資材、食品包装・容器、コールドチェーン 等）
目標3　全ての人に健康と福祉を	123	（ワクチン開発、避妊用具、医療機器、健康診断、フィットネスサービス 等）
目標4　質の高い教育をみんなに	71	（学校教育、生涯教育、文房具、Eラーニング、バリアフリー関連製品 等）
目標5　ジェンダー平等を実現しよう	237	（保育、介護、家電製品、女性向けファッション・美容用品 等）
目標6　安全な水とトイレを世界中に	76	（上下水プラント、水質管理システム、水道管、公衆トイレ 等）
目標7　エネルギーをみんなにそしてクリーンに	803	（発電・ガス事業、エネルギー開発 等）
目標8　働きがいも経済成長も	119	（雇用マッチング、産業用ロボット、ベンチャーキャピタル、EAP 等）
目標9　産業と技術革新の基盤をつくろう	426	（港湾インフラ開発、防災インフラ、老朽化管理システム 等）
目標10 人や国の不平等をなくそう	210	（宅配・輸送サービス、通信教育、送金サービス、ハラルフード 等）
目標11 住み続けられるまちづくりを	338	（エコリフォーム、災害予測、バリアフリー改修、食品宅配 等）
目標12 つくる責任つかう責任	218	（エコカー、エコ家電、リサイクル、食品ロス削減サービス 等）
目標13 気候変動に具体的な対策を	334	（再生可能エネルギー発電、林業関連製品、災害リスクマネジメント 等）
目標14 海の豊かさを守ろう	119	（海洋汚染監視システム、海上輸送効率化システム、油濁清掃、養殖業 等）
目標15 陸の豊かさも守ろう	130	（生物多様性監視サービス、エコツーリズム、農業資材、灌漑設備 等）
目標16 平和と公正をすべての人に	87	（内部統制監査、セキュリティーサービス、SNS 等）
目標17 パートナーシップで目標を達成しよう	NA	（各目標の実施手段を定めたものであるため、対象外）

SDGsビジネスに積極的に取り組んでいない企業も、実際は既にSDGsに繋がる製品・サービスを保有していることもある。関連企業がSDGs達成に向けて連携を強めることにより、新たな市場の開拓が可能となる

出所：For information,contact Deloitte Tohmatsu Consulting LLC
<SDGsの各目標の市場規模試算結果(2017)>

新時代の『会社・組織・まちづくり』のキーワード

さて、続いても世界と日本が今、実現したい未来についてお話したいと思います。

皆様は『ウェルビーイング』という言葉を聞いたことはありますか？

ウェルビーイング（Well-bein）とは、**「身体的」・「精神的」・そして「社会的」にも全てが満たされ、心身ともに《健康で幸福な状態》**という意味ですが、実は今、日本を含む国連の加盟国はこの『ウェルビーイング社会の実現』を目指しています。

では、なぜなのでしょうか？

ここからはなぜ世界の国がウェルビーイング社会を目指すようになったのか、そしてリーダーが知っておくべき日本の社会問題を紹介したいと思います。

《若年層の自殺大国 日本》ストレス社会が人々を苦しめる

私たちは今、先人のたゆみない努力のおかげで、日々便利で快適な暮らしをしています。24時間いつでも食事ができ、発電インフラや電化製品のおかげで昼も夜も明るく、快適に仕事も生活もすることができます。

しかし皆様は、実は日本が自殺大国であることをご存知でしょうか。

経済的、物質的な豊かさを手に入れたはずの現代日本は《ストレス社会》と呼ばれ、鬱をはじめとする精神疾患などから精神的に追い詰められた人たちの自殺が絶えません。

実は私たちの国、日本の15～39歳の各世代の死因の第1位は自殺です。

（厚生労働省「2020年版自殺対策白書」より）

そして、先進国（G7）の中で、15〜34歳の子どもたちや若い世代の死因の1位が自殺なのは、なんと日本だけです。

これは、現在の日本では、健康や金銭問題、学校や社会、家族や友人との関わりなど日々の生活の中で子どもたちや若ものたちが何らかの問題や課題を抱えて苦しみ、人生への希望を見出せなくなって絶望したり、生きる力を失ってしまうことがとても多い、という実情が浮き彫りになっているということではないでしょうか。

自己肯定感が低い日本人

またもう1点、気になるデータがあります。

それは、自分自身に対する満足度や、自信があるかどうかを表す『自己肯定感』の国際比較調査によると、欧米諸国に比べて日本人の自己肯定感は極端に低く、

図2：自分に自信がない人の割合

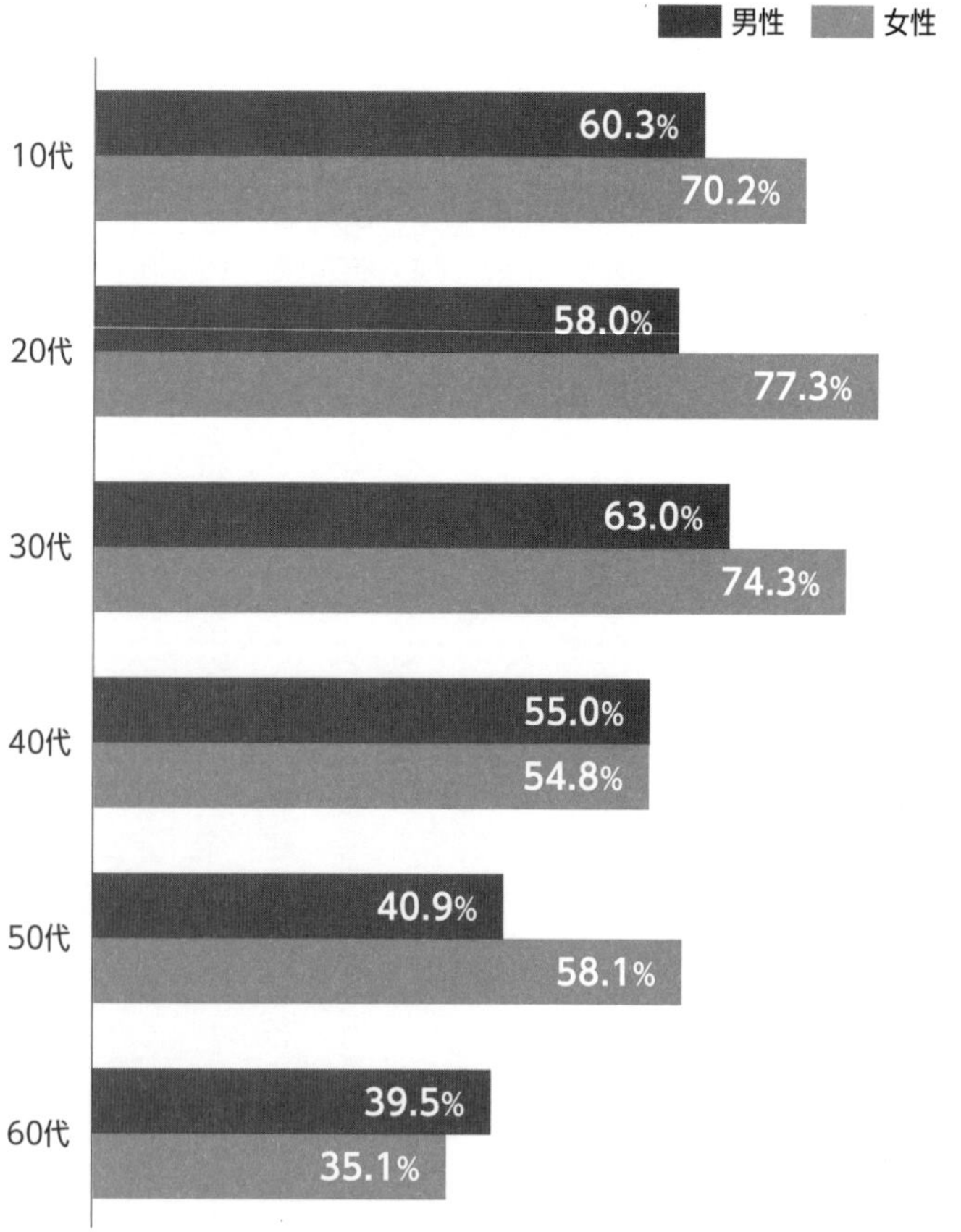

出所：Sirabeeリサーチ「自分に地震がない人の割合」(全国10～60代の1721名に調査)をもとに作成

図3：自己肯定感が先進国の中で最下位！

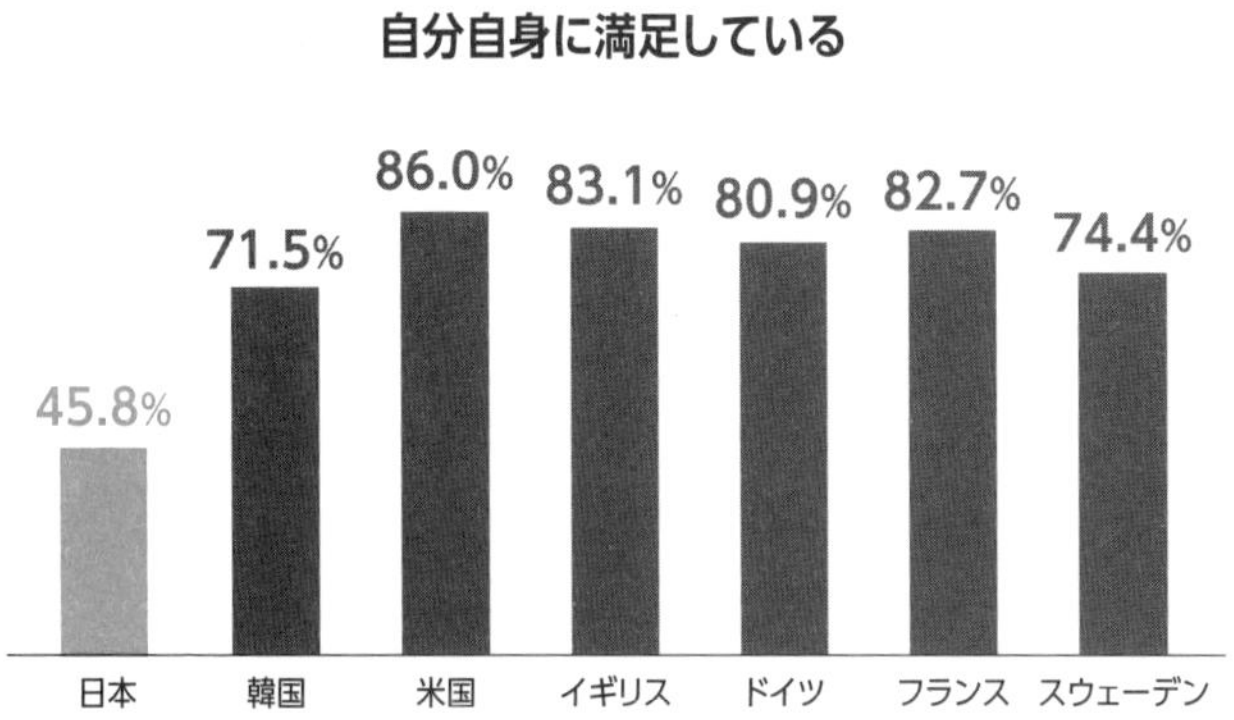

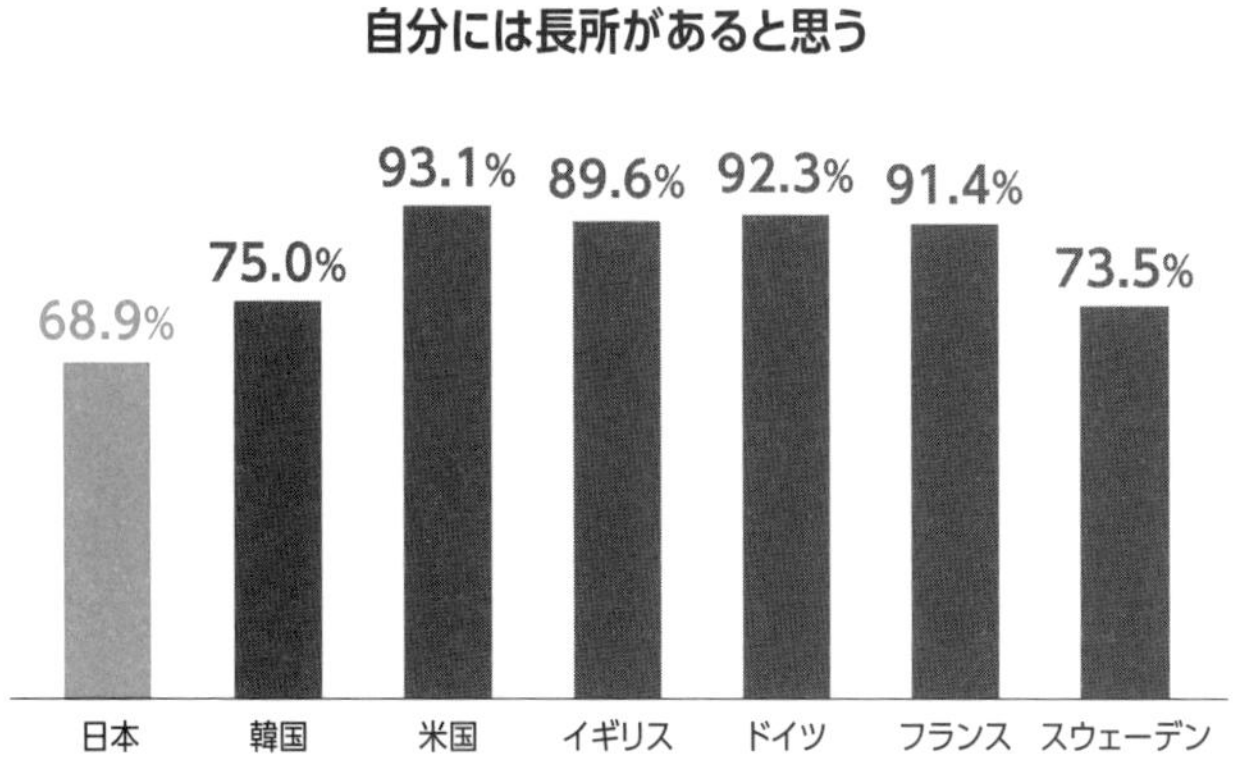

出所：文部科学省「我が国と諸外国の若者の意識に関する調査」における国際比較

日本人は子どもも、そして大人も自信がない。
つまり自己肯定感がとても低いというデータが出ているのです。

日本人の持つ、謙虚さの美学という文化的背景も影響しているのではという説もありますが、それにしても低すぎる数字です。

自己肯定感は、この後紹介するWell-being、心身ともに満たされて幸福を感じる状態になるためにとても重要な要素であり、この自己肯定感の低さ、自信のなさが日本の若ものや子どもたちの自殺率の高さにも影響している可能性も否めません……。

では、この現実を変えていくにはどうすればよいのでしょうか?
それにはまず私たちが、この事実をしっかりと認識した上で、今の生活や社会の中に、一体「何が足りないのか」を知り、その足りない要素を一つずつ埋めていくことです。
なぜなら、子どもたちや若ものたちの心身に最も影響を与えているのは、身近にいる大人たちだからです。

親や周りの大人たちがみんな、自己肯定感が低くて自信がなく幸福感を感じていなければ、そんな大人を見て育った子どもたちや若ものが、将来に不安を抱いたり自信が持てなくなるのは、当然のことなのかもしれません。

それではここからは、日本人の自信のなさ（自己肯定感の低さ）の解消のヒントと幸福感に関する基礎知識についてお伝えしていきたいと思います。

ＧＤＰの成長では《人》は幸福になれない

かつて私たちは、国の経済成長や国民の豊かさを測る指標として、国内総生産（ＧＤＰ＝Gross Domestic Product）や、国民総生産（ＧＮＰ＝Gross National Product）を用いてきました。

図4：生活満足度及び1人当たり実質GDPの推移

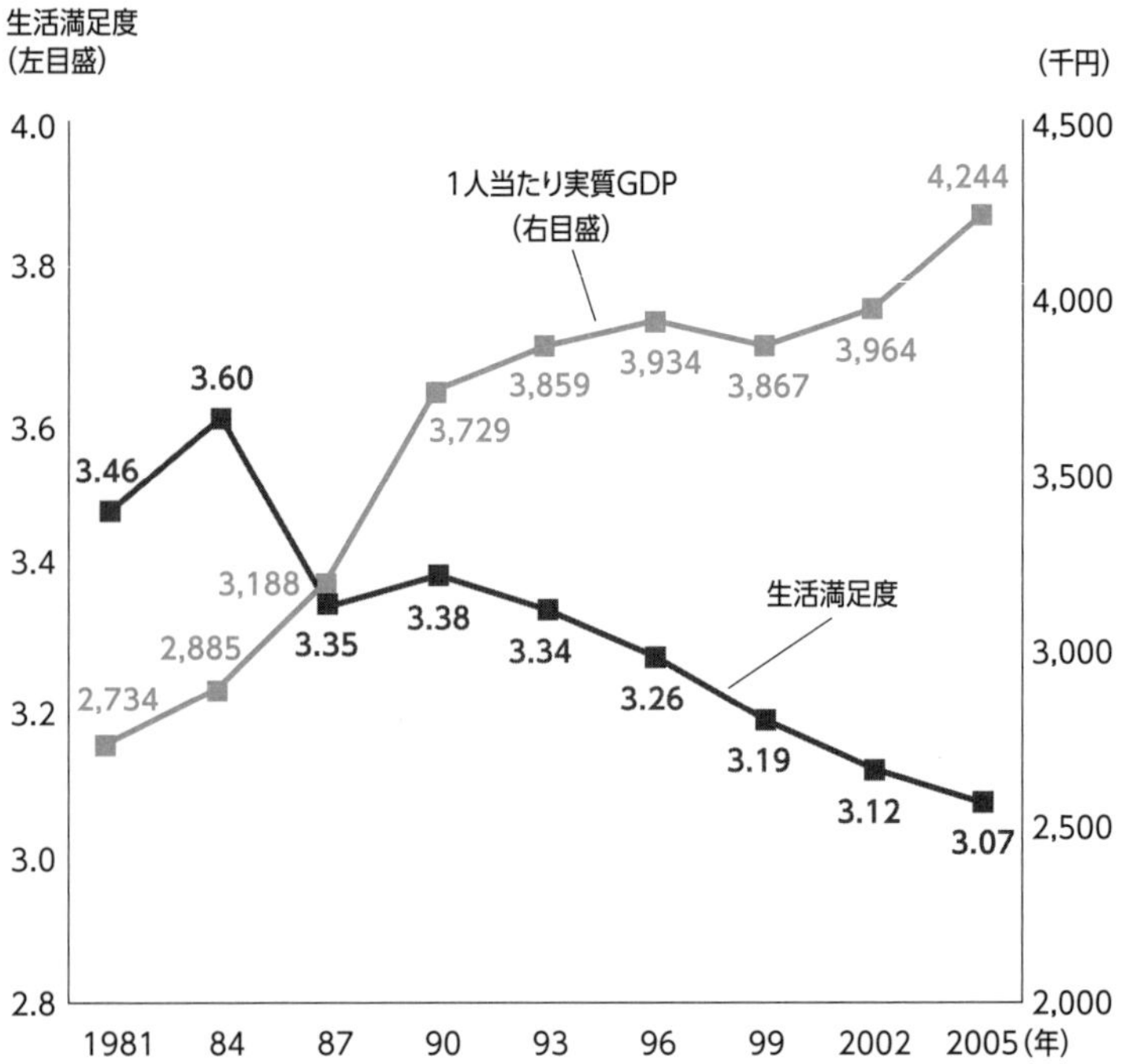

出所：平成20年度 国民生活白書 P57

そしてこのGDPが上昇すれば、私たちはもっと幸せになれる。

そう信じてきたのです。

しかし、実はGDPやGNPなどの経済成長だけで人は《幸福》になれるわけではないことが明らかになりました。

それを示したのが、米国の経済学者であるリチャード・イースタリンが1974年に発表した理論、「幸福のパラドックス（矛盾・逆説）」です。

GDPが上昇！なのに生活満足度が下がっている

図のブルーの線が一人当たりのGDP、黒の線が生活満足度を表していますが、注目すべきは1人当たりのGDPが年々上昇しているにもかかわらず、『生活満足度は下がっている』ことです。

つまり、ＧＤＰやＧＮＰなどの経済成長と、幸福度は必ずしも比例しておらず、人が幸福を感じるには《ここに表れていない、何かが足りない》ことがわかります。

イースタリンは「所得が増加しても、身近な人との人間関係など心の相対的な位置づけが上昇しなければ幸福度が上昇しない」と説明しています。

衣食住、生きるためにはお金が必要であり、お金がなくては生きていけません。行きたかった場所に行ったり、欲しかったものを手に入れたりするためにもお金が必要であり、それらの夢や願いを叶えるために、私たち人間は経済合理主義を推し進め、経済発展を目指して昼夜努力してきました。

そして、それらを全て手に入れればきっと幸福になれると信じていました。

しかし人は、経済的、物質的な充実や満足だけでは「幸福」を得ることはできないということに気づかされたのです。

どうすれば幸せになれる？注目を集めたウェルビーイング

人は、経済的、物質的な充実だけでは「幸せ」になれない。

そう気づいた世界の人々は、経済成長だけではなく『幸福度の向上』を目指すようになります。

そして、ＧＤＰやＧＮＰだけではなく、新たな「社会的な幸福を測る指標」として《ウェルビーイング（Well（良い）-being（状態）》に注目するようになるのです。

「ウェルビーイング（Well-being）」とは心身ともに健康で、かつ「社会的」にも全てが満たされ心身ともに《健康で幸福な状態》を表しており、１９４８年に発効された「世界保健機関（ＷＨＯ）憲章」前文における「健康」の定義がベースとなっています。

そして、心身ともに満たされ《健康で幸福な状態》であるウェルビーイング社会こそが、私たち人間が、そして世界が目指すべき理想の社会であるとして、2015年の国連サミットでSDGsの一つとして採択されたことによって、ウェルビーイングは国際的に広く関心を集めるようになりました。

ここでいう「健康」とは、病気やケガをしていないという意味ではなく、心身の良好な状態のことを指します。

それでは、人が満たされ、幸福を感じる、ウェルビーイングな状態には具体的に、どのような要素が必要なのでしょうか。

複数の提唱がありますが、ここでは世界的に有名なギャラップ社のウェルビーイングを構成する5つの要素を紹介します。

ウェルビーイングを構成する5つの要素

①Career well-being（キャリア・ウェルビーイング）
※キャリアや積み重ねた経験による『自信』によって得られる幸福感

心身ともに満たされ、幸福感を感じられるウェルビーイングは主に5つの要素で構成されているとされています。

その1つ目は、キャリア・ウェルビーイングです。

キャリア・ウェルビーイングとは、**これまで積み重ねてきた過去の経験による自信などによって得られる幸福度です。**

仕事の経歴や実績、役職のほかに、家事や、育児、ボランティア活動、趣味など、小さなことであっても、積み重ねた経験による自信や充実感などが要素として含まれます。

②Social well-being（ソーシャル・ウェルビーイング）

※身近な人との人間関係による幸福感

2つ目は、ソーシャル・ウェルビーイングです。

職場の同僚や上司、家族や友人など身近な人との良好な人間関係により得られる幸福感です。

③Financial well-being（フィナンシャル・ウェルビーイング）

※金銭や生活の安定などによる幸福感

3つ目は、ファイナンシャル・ウェルビーイング、生活や経済的安定による幸福度です。キャリアや実績があっても、経済的な不安があると幸福を感じることができません。

生活に不安がない安定収入や、資産の確保、満足する生活ができているかなどが指標となります。

④Physical well-being（フィジカル・ウェルビーイング）

※心身の健康状態による幸福感

4つ目は、フィジカル・ウェルビーイング、心身の健康に関する幸福度です。

病気や怪我などで身体が不健康な状態だったり、心が前向きで、良い状態でなければ幸福感を感じることができません。

身体の健康や、日々前向きでポジティブに過ごせているかなどが指標となります。

⑤Community well-being（コミュニティ・ウェルビーイング）

※地域・コミュニティとの関わりなどによる幸福感

【コミュニティの中での良好な人間関係】

そして5つ目はコミュニティ・ウェルビーイング、属するコミュニティとの関係性による幸福度です。

会社や自治体、学校など、自分が属するコミュニティとの関係性が良好であるかなどの要素が測られます。

・自身が積み重ねてきた経験による自信や、充実感
・家族や友人など身近な人たちとの良好な人間関係
・生活や経済的な不安がない安定した状態
・怪我や病気などがない心身の良好な健康状態
・会社や地域、学校などコミュニティの中の良好で豊かな人間関係

確かに、これら全てが満たされていれば、日々に幸せを感じるでしょうし、どれひとつ欠けていても、不安やストレスを感じる内容ですよね。

ポジティブ心理学の視点から考える「ＰＥＲＭＡ理論」

また、ウェルビーイングの構成要素として「ポジティブ心理学」を提唱した米国の心理学者マーティン・セリグマン氏が考案したＰＥＲＭＡ理論もよく知られており、ウェル

ビーイングには図の5つの構成要素が関係しており、この要素を満たしている人は幸福であるとしています。

①Positive emotion（ポジティブ感情）

嬉しい、面白い、楽しい、感動、感激、感謝、希望など

②Engagement（物事への関わり）

関わり、没頭、突入、熱中、夢中、ワクワクなど

③Relationship（豊かな人間関係）

繋がり、協力、援助、与える、支えるなど

④Meaning（人生の意義や目的）

人生の意義、意味、目的、長期的視点、社会貢献など

⑤Accomplishment（達成感）

達成、成果、目標、自己効力など

ウェルビーイング経営で生産性や幸福度が向上

Well-being、人が幸福を感じるためには複数の要素が必要であり、今足りない要素を埋めていくことで、人々は幸福感を感じ自己肯定感の向上にも繋がっていく。

こういったことがわかることで、『今、何が足りないのか、そして何をやるべきか』などを考える一つの指標になりますね。

近年では、『選ばれる企業になるために』社員が心身ともに健康で、社会的にも満足できる、ウェルビーイングを重視した職場環境や制度をつくるなどのウェルビーイング経営が注目されています。

また、ウェルビーイング経営が注目される背景としては、次の3点が挙げられます。

●労働力人口減少による人材不足の解消
●働き方改革による労働環境の変化
●SDGsへの意識の高まり

また、取り組むことで以下のようなメリットがあるとされています。

①生産性・幸福度の向上

やりがいや充実感が向上し、生産性も向上する
愛社精神向上などが期待できる

②人材の確保・離職率の低下

若い世代のリクルートに効果的。退職理由の上位を占める人間関係や

労働環境への不満解消、人材確保・離職率低下にも効果的

③企業価値の向上

ウェルビーイング経営とは、心身、社会的な面でも満たされるように組織環境を整え、社員の意欲やエンゲージメントを高めることで、『生産性向上・離職率低下、企業価値の向上』などにも繋がるというものです。

心身ともに満たされ幸福感を感じるウェルビーイングな状態が自分や、周りの大切な人たちから実現していけたら嬉しいですよね。

今回は基礎知識だけをお伝えしましたので、ウェルビーイング経営に興味を持たれた方は、巻末のＩＮＤＥＸでも参考になるＵＲＬ等をご紹介しておきますので、できるところからチャレンジしてみてくださいね。

その他のキーワードに関連するお役立ち情報も載せておきますのでぜひご活用ください。

誰もが幸福感とやりがいを感じて働ける職場や組織にしていきたい。

こういった取り組みをしようと会社が前向きな姿勢を示してくれるだけでも、きっと笑顔が増えて幸福感の向上や組織の発展、成長に繋がっていくはずです。

またもう一つ、お勧めしたいのは、皆様自身の人生プランをつくるときにもこの知識を活用していただきたい、ということです。

せっかくこの本を読んで、大人も子どもも、『幸福感を感じる』ためには前述したような要素が必要、ということがわかったわけですから、皆様の会社や組織運営はもちろん、お子さんの進学や、皆様ご自身の将来の人生プランを考える時などにも、『幸福感を満たす5つの要素』を参考にしてプランを立ててみてはいかがでしょうか?

今まであまり意識していなかった、方向性が見えてくるかもしれませんし、もっと様々なことにチャレンジしよう！という意欲にも繋がってくるかもしれません。

こんなにもいい国に住んでいながら自己肯定感が低くて、幸福感を感じられていない現代の日本人が多いなんてもったいない。まずは皆様自身が『幸せ！』と笑顔になっていただきたいと思っています。

世界80億人の共創社会 D&I

さて、続いての新時代のキーワードは、D&Iです。

D&Iとは、ダイバーシティ(Diversity/多様性)&インクルージョン(Inclusion/包摂性・包括)の頭文字をとった言葉です。

2022年、世界の人口は80億人に達しました。

そして80億人の人々はジェンダーや人種、民族、宗教、性的指向など異なる多様な価値観や背景を持っており、同じ人は一人としていません。

D&Iは、多様な属性を持った人々が働く企業や組織の中で、互いを尊重し一人ひとりが異なる個性を活かして成長し、成果を出し続けるための考え方とされています。

また、同時に**多様な人々が尊重され、生きがいとやりがいを持って活動をしていくという意味で、日本と世界が目指すウェルビーイング社会の実現にとってもこのD&Iは欠かせないテーマです。**

それではもう少し、笑顔溢れる新時代を創るに欠かせない、重要なキーワードの一つD&Iを理解していきましょう。

ダイバーシティという概念が広まったきっかけは、アメリカで人種や性別による差別撤廃運動とされています。

ダイバーシティとは、組織や集団において、ジェンダー、人種、民族、年齢、性的指向など、多様な属性の人が集まった状態を表しており、異なる属性や価値観、発想の違いなどを尊重して受けいれることをいいます。

そしてD&I「「ダイバーシティ（多様性）&インクルージョン（包摂）」の「インクルージョン」は「個々の〝違い〟を受け入れるだけでなく認め合い、活かし当たり前に包括すること」と訳されます。

インクルージョンが広まったのは、1970年代のフランスとされています。当時、経済的、社会的に恵まれず、社会の一員として受け入れられない人たちがいる状態は「ソーシャル・エクスクルージョン（社会的排除）」と呼ばれており、**誰もが排除されず、社会に参画できるよう、格差の解消を目指して「ソーシャル・インクルージョン（社会的包括）」という考え方が生まれました。**

そして、ソーシャル・インクルージョン（社会的包摂）の考えは、「個々に適した教育をする」というインクルーシブ教育として広まり、派生してビジネスにも取り入れられました。

参照https://smartcompany.jp/column/inclusion/

D&Iは、**多様性を排除せずに尊重し、受け入れるだけではなく、当たり前のこととして包括し違いを活かし合って成長、発展していこうという概念**なのです。

経済産業省が推進「ダイバーシティ2・0行動ガイドライン」

さて、意味はわかったけれど、ダイバーシティって海外や大手上場企業が取り組むことだよね。と思う方もおられるかもしれませんがそれは違います。

実は、中小企業こそが、**より早くダイバーシティを理解し経営や組織運営、まちづくりなどに取り入れることが重要**とされており、経済産業省では、すでに「ダイバーシティ経営を推進」しています。

ダイバーシティ経営とは、「多様な人材を活かし、その能力が最大限発揮できる機会を提供することでイノベーションを生み出し、価値創造につなげている経営」としており、2017年3月に**経済産業省が**「ダイバーシティ2・0行動ガイドライン」を発行し、日本経済の持続的な成長に不可欠な経営戦略としてダイバーシティ経営を推進しています。

なぜ日本にダイバーシティ経営が必要？
～日本企業の生き残りのための変革～

では、なぜ、日本にダイバーシティ経営が必要とされているのでしょうか？

2020年度9月に経済産業省政策局が発表した「ダイバーシティ2・0 一歩先の競争戦略へ」ではこのように書かれています。

～何のためのダイバーシティか？～

競争環境のグローバル化を始めとする市場環境の変化は、経営上の不確実性を増大させるとともに、ステークホルダーの多様化をもたらしている。

企業は、多様化する顧客ニーズを捉えてイノベーションを生み出すとともに、差し迫る外部環境の変化に対応するため、女性を含む多様な属性、多様な感性・能力・価値観・経験などを持った人材を確保し、それぞれが能力を最大限発揮できるようにする「ダイバーシティ経営」の推進が求められている。

（ダイバーシティ2・0 一歩先の競争戦略へ・2020年度経済産業省HP）

つまり、日本の企業がダイバーシティ経営を推し進めるべきとされるのは
グローバル化、情報化、そして少子高齢化など急激に変化する市場環境の中で、お客様が求める商品やサービス、ニーズもどんどん多様化しており、この多様なニーズや変化に会社が対応することができなければいずれ「時代に取り残されて、選ばれない会社」になって経営の存続が難しくなるため、より早く多様性を経営に取り入れて、多様なニーズに対応できる体制や環境へと成長、変革することが推奨されているということなのです。

ダイバーシティ経営が重要とされる5つの理由

ここでダイバーシティ経営が重要とされる5つの理由と期待される効果をご紹介します。

《①少子高齢化による人手不足の解消》

少子高齢化による人手不足が懸念される中、多様な人材の獲得力向上

《②グローバル化・情報化社会への対応》

グローバル化、情報化社会による市場環境の多様な変化への対応

《③新しいニーズ・需要への対応》

多様性に富んだ新しい視点や価値観を取り入れることにより、**新しい需要やイノベーションの創出**、生産性向上など企業成長の可能性が高まる。

《④若い世代や、女性・多様な人材が求める新しい働き方改革》

多様な視点を取り入れることで、若い世代、女性・外国人など様々な属性の人々への配慮や望まれる環境整備など、新しい時代が求める働き方への変革が進む新しい視点からのリスク管理力の向上などが期待できる。

《⑤企業の成長の可能性・顧客や社外からの評価》

多様な人材が活躍することで、企業の成長への期待感が増したり顧客や社外からの評価向上にも繋がることが期待できる。

図5：差し迫る外部環境の変化

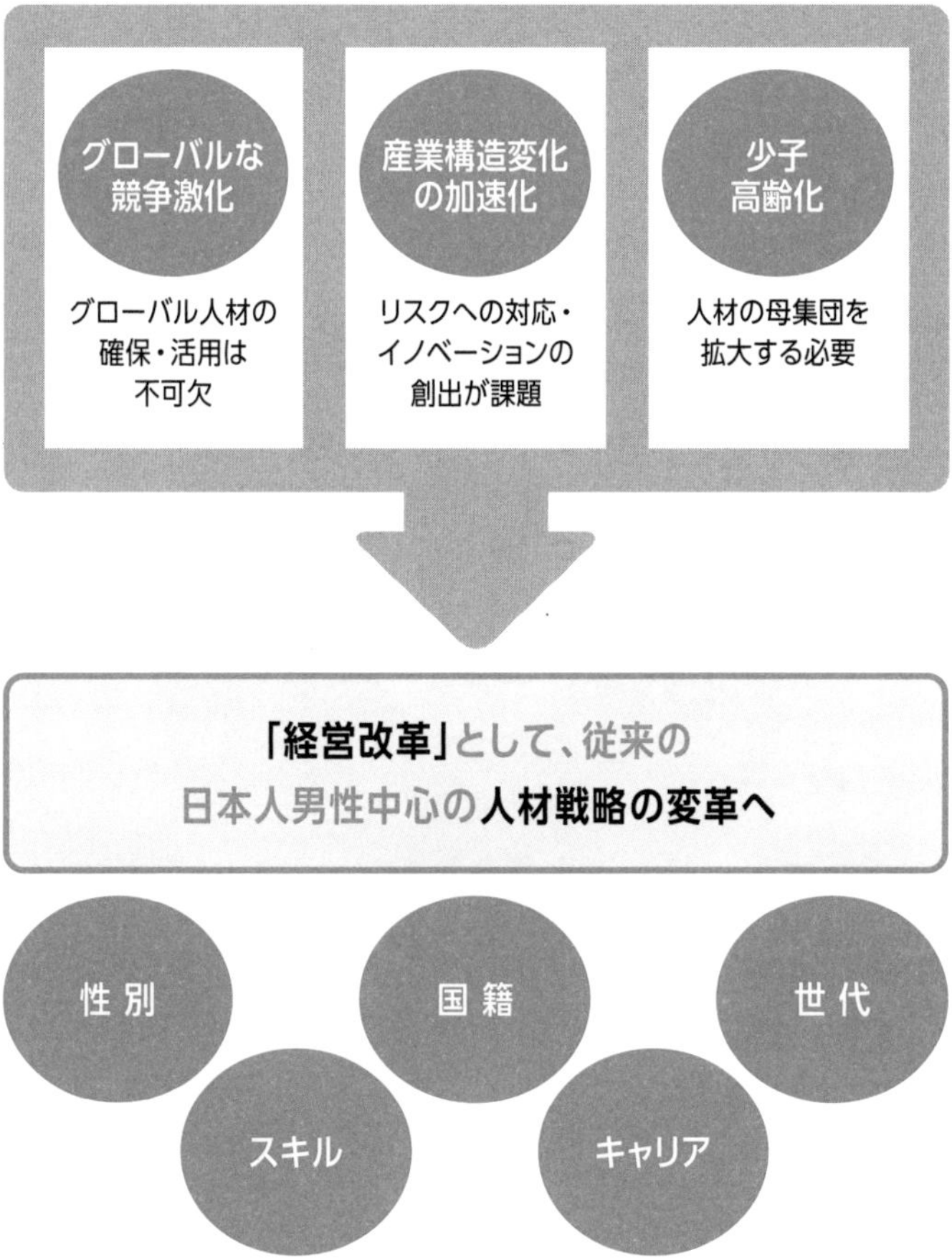

出所：経済産業省 競争戦略としてのダイバーシティ経営(ダイバーシティ2.0)の在り方検討会資料をもとに作成

図6：ダイバーシティ経営戦略の有無（経営者対象）

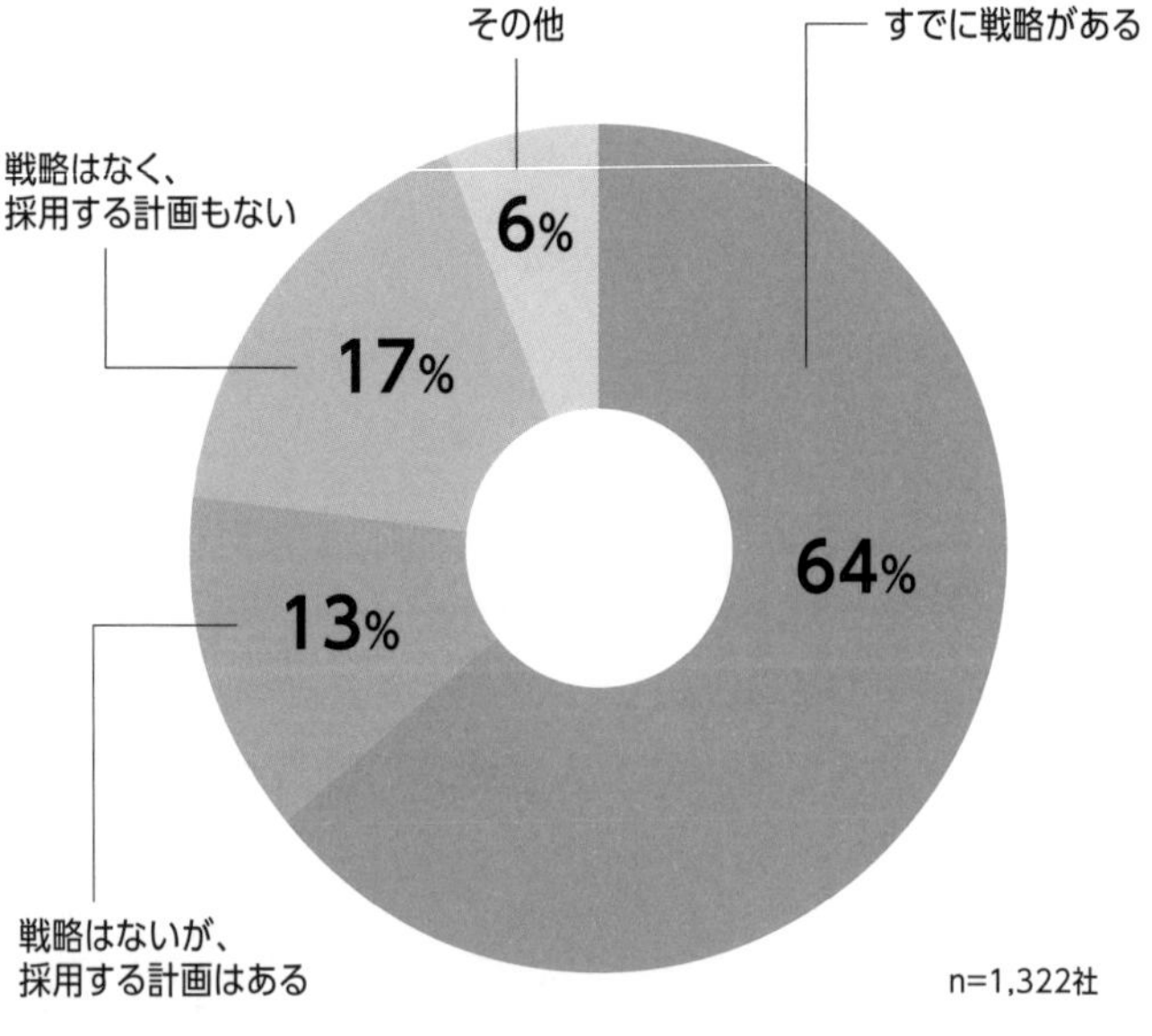

出所：PwC 第18回世界CEO意識調査 2015年　境界なき市場競争への挑戦（2016年）をもとに作成

図7：多様性によって得られたもの

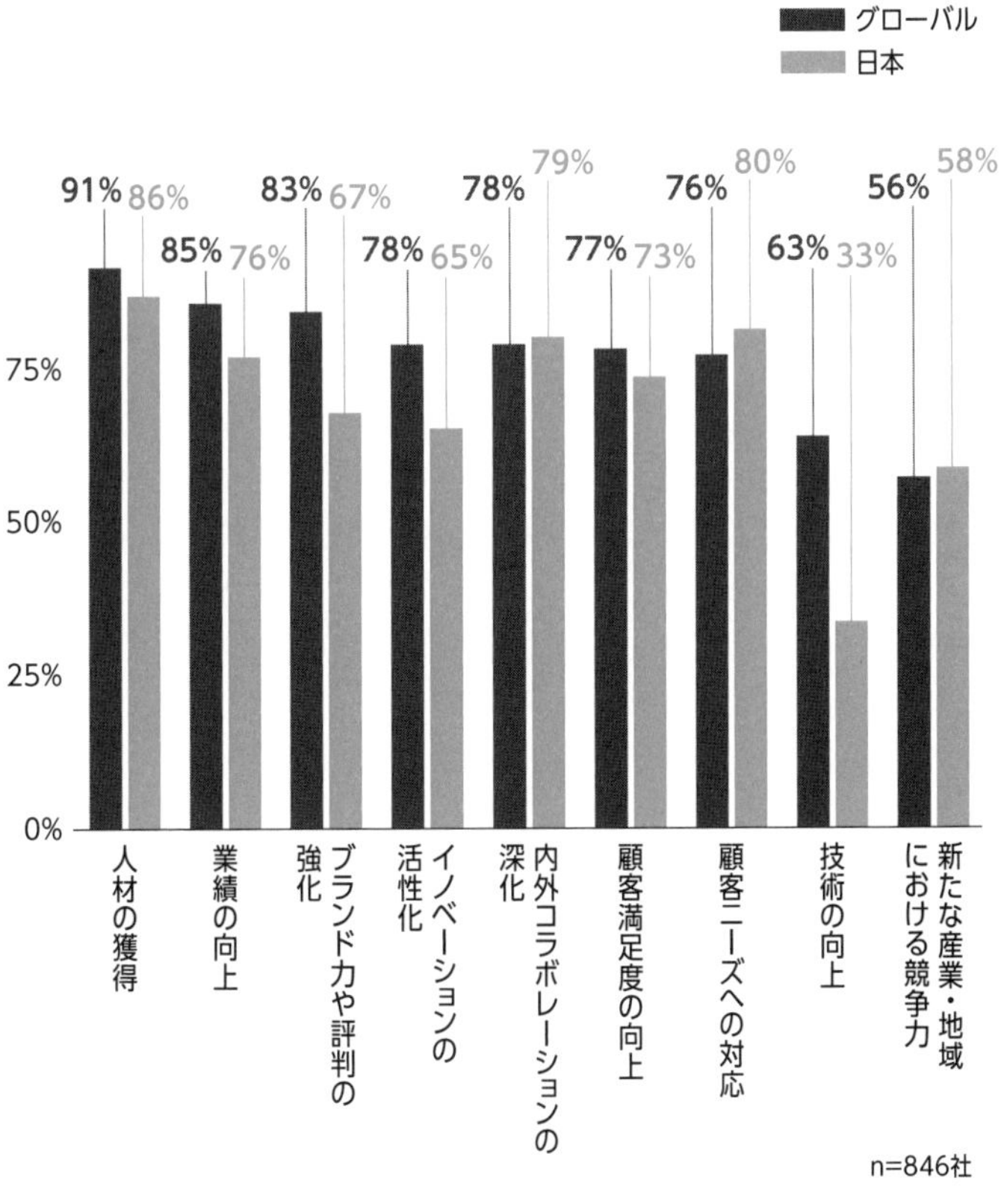

出所：PwC 第18回世界CEO意識調査 2015年　境界なき市場競争への挑戦（2016年）をもとに作成

2種類のダイバーシティ

また、ダイバーシティには大きく分けて2種類あります。

一つは表層的ダイバーシティ、もう一つは深層的ダイバーシティです。

《表層的ダイバーシティ》

表層的ダイバーシティとは、「人種や年齢、性別、障がい」など、表面的に見てわかりやすい属性で自分では変えにくい属性のことをいいます。

【表層的なもの】人種・国籍・性別・年齢・出身地・身体的特徴など

《深層的ダイバーシティ》

一方、深層的ダイバーシティとは、これまで受けてきた教育やパーソナリティ、宗教、経歴、趣味、スキル、価値観など、外観だけではわかりにくい属性です。

【深層的なもの】スキル・価値観・ライフスタイル・経歴・教育・趣味、嗜好など

本来、ダイバーシティ経営では、それぞれの個人が持つ、異なる個性や視点を企業経営に結び付けて新たな価値を生み出していくことが重要ですから、この深層的ダイバーシティを引き出して、活かしていくことこそ新たなイノベーションや成長に繋がります。

しかし、現在の日本では、人手不足解消のために多様な人材の活用としてダイバーシティを導入する企業が多く、女性、シニア、外国人の活用などの表層的ダイバーシティが先行しているのが実情です。もったいないですね。

新たな成長の可能性を秘めているのは、深層的ダイバーシティの活用にありますので、今後、ダイバーシティ経営を取り入れてみようと考えておられる方はぜひ、

深層ダイバーシティを活用することをお勧めします。

ダイバーシティ経営で「人的資本力」も向上！

また最近では、ダイバーシティ経営を活かした「人的資本経営」も注目されています。人的資本経営とは、企業を支える人材の能力や経験を「資本」として捉え投資を行って、その価値を最大限に引き出すこととされておりダイバーシティ（多様性）を経営に取り入れることで、社員さんの能力や経験値（人的資本）を向上させて、中長期的な企業価値向上に繋げる取り組みをいいます。多様性を取り入れることにより、社員さん一人一人の成長に繋がるだけではなく、資本価値が上がっていくのであれば、さらにダイバーシティに取り組む価値を感じる方もおられるのではないでしょうか。

厚生労働省が発表した「『外国人雇用状況』の届出状況まとめ（２０２１年10月末現在）」によると、日本の外国人労働者数は１７２万７２２１人で外国人を雇用する事業所数は28

万5080ヵ所、前年比で、1万7837ヵ所増加しており、
今後の日本はますます外国人労働者や定住者が増えて、多様な国籍や性別、宗教、ライフスタイルの人々と共存し、生活することになっていくでしょう。
だからこそ「今まではこうだったから」「あの人は、私たちと違うから」と排他的な考えばかりでいると気がついた時には、時代に取り残されてしまっているかもしれませんし、世界の80億人の人々が持っている私たちにはない視点や価値観の中にこそ、新しい時代を生き抜くヒントや、飛躍のチャンスがあると思うとワクワクしませんか?

D&IとDE&Iの違い

さて、ここからは、近年注目されているDE&Iをご紹介していきたいと思います。

DE&Iは、D&I（ダイバーシティ&インクルージョン）の考え方に、「Equity（公平性）」を加えたもので、D&Iをさらに一歩進めた概念として近年広がりつつあります。

Equity（公平性）とEquality（平等）

DE&Iのポイントは、「平等」ではなく「公平」がテーマであることです。

「平等」は、誰にでも等しい対応をすることです。

これまでは、『SDGs目標5番、ジェンダー平等の実現』を代表格として、男女や人種などによる人権問題や差別などの問題を解消するために「平等」の重要性が叫ばれてきました。

しかし、約40年間をかけてD&Iに取り組んできた結果、誰もが尊重されるより良い社会をつくっていくためにはEquity（公平性）も重要であるとして、エクイティが注目されるようになりました。

では、公平な社会とはどのようなものなのでしょうか？

例を挙げてみたいと思います。

例えば、左利きの友人がいたとします。現在日本では多くの人が右利きであることから、右利きの人用に開発されているものが多く、例えばハサミも右利き用が多いため平等に誰もが同じものを使わなければならない、ということになればその人は右利き用のハサミを使わざるをえません。

皆さんが左利きだとして、右利き用の道具を使うとどうでしょう？

当然使いにくいはずです。

これが例えば競技や、テストなどに関わることならどうでしょう。

当然、右利きの人にとっては有利でしょうから不公平に感じませんか？

人間は皆、同じではありません。

全ての人たちがそもそも同じではないのです。

しかし、現在社会は人間のごく一部の誰かに合わせてつくられています。

例えば、球場などの多くは、大人や立つことができる障がいのない人に合わせて設計されていますから、障がいを持つ人たちや子どもたちは観戦がしにくいわけです。

このように、異なる多様な人々が同じ職場や組織で活躍するためには、お互いにリスペクトし、その人の視点に立って、公平に活動できる環境や文化をつくっていく必要があります。

ですから、人間として平等に与えられるべき人権問題などに加えて、エクイティ（公平性）の重要性が注目されるようになりＤＥ＆Ｉが推進されるようになりました。

例えば、先ほどの例でいうと、左利きの人は、右利き用の道具しかないことに、不便を感じていました。

しかし、学校や職場で左利き用の道具も準備されていたりどこでも簡単に左利き用の道具が買えたとしたら、それは左利きの人たちにとっても「公平」な社会といえるはずです。

無意識の不公平
男性比率95%だった音楽業界

ここでもう一つ、新しい社会にエクイティ（公平性）を推し進める必要性を感じる事例をご紹介します。

こんな話をご存知でしょうか？

音楽の世界では、今や当たり前に女性が活躍しています。

ですが、アメリカのオーケストラでは、１９７０年代まで男性比率が95％と、超男性社会だったそうです。

音大を卒業する女性は多く、もちろんオーディションには女性も参加できます。

つまり、平等に機会はあります。

その結果、オーケストラの男性比率が95％ということですから、男性の方が女性よりも優れているようにも思えますよね。

ですがあるとき、オーディション会場にスクリーンを置き、誰が楽器を奏でているのかわからなくしてオーディションを行いました。

すると、なんと、女性の合格率が50％も上がったのです。

この事実は社会に大きな衝撃を与えるものでした。

人は視覚に影響を受ける！無意識の偏見

人は、視覚の影響を大きく受けます。

人が情報を受け取るときの8割が視覚からの情報とされていますからその影響は相当のものです。

この事例では、視覚情報として演奏者が「男性」だと認識された段階で、評価に下駄が履かされていたということになります。

これでは「公平」とはいえませんよね。

実際に男女平等だと考え、公平に評価をしていたつもりであっても、視覚の影響を無自覚でうけて偏見のある判断をしてしまうこともあるのです。

40年以上もダイバーシティ&インクルージョン推進の取り組みが行われてきたおかげで、人権問題や、差別をせずに個性を認め合うD&Iなどは実現しつつあります。

ですが、先程の例のように、実際に実情を調べてみるとまだまだ日本社会でも「公平」でないことはたくさんあります。

例えば、

・これまでの実績や評価には差がないのに、管理職への推薦は男性の方がされやすい
・無意識に、男性社員へ重要な仕事や役割、お客様を割り振っているなどです。

つい先日、岸田総理が、大企業に対して「男女の賃金格差」の情報開示を義務づけると

発表しました。

男女平等に異論をとなえる方はほとんどいないと思います。

ですが、実際はまだまだ社会の中に無意識の「不公平」ではないことが潜んでいるからこそ、現状があるといえます。

これは、ジェンダーダイバーシティに限った話ではありません。

多様な個性をもつ個人ひとりひとりに、「公平」が担保されて初めて、同じスタートラインに立つことができます。

そしてそういった状態がつくれればきっと、組織の成長と発展に繋がるはずです。

出典https://energyswitch-inc.com/archives/column_diversity-equity-inclusion

『SDGs目標5ジェンダー平等の実現』によるジェンダーの定義～ジェンダーは問題を生みやすい～

さて、ここからは、混乱しがちなジェンダーについてお伝えしたいと思います。

ジェンダーとは、生物学的な性別（sex）に付加された社会的・文化的心理的な自己認識による性別を指します。

例えば「男性として、または女性として生まれたのだからこの役割を負うべき」は、ジェンダーの概念で生まれた考え方であり、生まれながらの生物学的な性別（sex）が理由で、個人の自己認識などの相違にかかわらず社会や文化が一方的に押しつけているものだともいえます。

ジェンダーの問題は差別を生み出すケースが少なくありません。

「女性だから男性のいうことを聞くべき」「男性だから強くあるべき」など耳にしたことがあるかもしれません。

ジェンダーが周知される時代になった今、これはれっきとした差別にあたります。

先進国では速度の違いはあっても是正が進みつつあり、ジェンダーが問題を生みやすい性質であること、解決するべき課題であることが認知されています。

しかし開発途上国では、いまだ理不尽なジェンダー問題がある地域が少なくないのも事実です。

人身売買など女性には人権がないような扱いを受けたり、理不尽な暴力にさらされるなど、ジェンダーの問題は権利の侵害や人権の蹂躙《じゅうりん》を招きかねません。

そんな中で、近年、ジェンダーフリーとフェンダーレスという言葉が注目されています。

ジェンダーフリーとは

ジェンダーフリーとは、『性別による社会的差別』をなくしていこうという活動で、**誰もが性による社会的・文化的差別を受けることなく、自らの能力を自由に発揮するべき**という考えかたです。

ジェンダーレスとは

「社会的・文化的な面で男女という性差に関わらない状態を作ろう」という考え方です。

ジェンダーフリーとジェンダーレス
～同じ人間として公平に尊重される社会へ～

ジェンダーフリーやジェンダーレスは、決して「性別を撤廃して、全て同じにしよう」という意味ではありません。

ジェンダーフリーは『性別による社会的差別』をなくしていこうとする考え方であり「社会的性別（ジェンダー）が生み出した、不適切な固定観念や差別の撤廃」を根底に性別にとらわれず、個々の能力の発揮を目指すことに重きを置いた考えです。

そしてジェンダーレスは『社会的・文化的な面で男女の性差に関わらない平等な状態をつくっていこう』という考え方です。

まずは「現在は、性別による社会的差別や区別がある」ことを認識し、その格差をなくそうと努力すること、そして最終的にはジェンダーレスのようにジェンダーに関わらず、公平で互いに尊重し合える豊かな社会を目指していこう。
そういった目的とメッセージを持ったキーワードなのです。

誤解が多すぎる！「日本は女性活躍大混乱期」

しかし、現在日本はこういった一見、似かよったジェンダーフリーやジェンダーレスなどの言葉が飛び交う中で、本来の意味が伝わらず、大混乱期を迎えています。

例えば、各地で、女性活躍や、ジェンダー平等の話が出ると、『今はジェンダーレス・ジェンダーフリーの時代なんだから、男女という表現自体が差別では？』や、『ジェダーレス・ジェンダーフリーの時代なんだから、女性も男性と平等に、**同じことをやるべきでは？**』といった声を聞くことがあります。

これらのキーワードはそういう意味ではないわけです。
現状が、ジェンダーによる不平等な社会であるため、そういった現状を変えていこう。

同じ人間として、公平に尊重され、互いが支え合って生きる。

そんな社会を目指しているわけです。

一つ一つの意味や、『目的』をしっかり理解することでもっとこのジェンダーレス・ジェンダーフリーな社会実現のスピードは上がり、誰もが笑顔に慣れる幸福感あふれる新時代の実現に近づくはずです。

まずは、リーダーの皆様がしっかりと本質を理解し伝え、活動に活かしていただきたいと切に願っております。

ジェンダーギャップ指数はジェンダーフリーの実現度

さて、ジェンダーフリーとは、誰もが性による社会的・文化的差別を受けることなく、自らの能力を自由に発揮するべきという考えかたですが、そのジェンダーフリーがどれだけ実現しているかがジェンダーギャップ指数（Gender Gap Index）に反映されます。

ジェンダーギャップ指数とは、世界各国における男女格差をスコア化したものでジェダーフリーの指標ともいえるものです。

経済・教育・健康・政治の各エレメントを0～1の間でスコア化し、数値が1に近いほどジェンダーギャップが小さく、逆に0に近いほどジェンダー格差があり、問題があるとされていますが、日本の2023年度のジェンダーギャップ指数は125位、特に経済・

政治分野のスコアは非常に低く先進主要国の中で最下位、最も男女格差がある国という結果でジェンダーフリーには程遠い結果でした。

出典 https://eleminist.com/article/2316

無意識の偏見
アンコンシャスバイアス

ジェンダーギャップ指数、男女格差をなくしてジェンダーレスやジェンダーフリーを実現し、多様性を尊重し、異なりを活かし合い、成長発展する新しい社会DE&Iを実現していくことが日本や世界が目指している未来です。

しかし、なぜ日本のジェンダーギャップは埋まらないのでしょうか？

実はアンコンシャスバイアスといわれる無意識の偏見などによってその実現が妨げられているとされています。

アンコンシャスバイアス（無意識の偏見）とは、自分自身は気づいていない「ものの見方やとらえ方のゆがみや偏り」をいいます。

アンコンシャスバイアスは、その人の過去の経験や知識、価値観、信念などをベースに認知や判断を自動的に行い、何気ない発言や行動として現れ流もので、「よくあること」「気にするほどの事ではない」と見過ごされがちです。

例えばこのようなことです。

・消防士は筋肉質な男性
・定時で帰る社員はやる気がないと思う
・雑用や飲み会の幹事は若手の仕事と決まっている
・お茶出しは女性がやるもの
・「普通は〇〇だ」「それって常識だろ」ということがよくある
・リーダーは男性の方が向いていると思う

など、無意識に、そう思い込んでいることがアンコンシャスバイアスです。

例えば、消防士などの例は、職業からすぐに「この人はきっとこんな人だろう」と、脳が瞬時に物事を無意識にひもづけ、素早く理解しようとします。

実は、アンコンシャスバイアスは高速思考ともいわれており大量の情報を処理して判断し、素早く行動するためには欠かせないものです。

アンコンシャスバイアスが機能することで、大枠で物事を理解したり判断することが可能となるからです。

また、**アンコンシャスバイアスは誰もが持っているもので持っていることが悪い、というものではありません。**

しかし一方で、その情報や知識が偏っていたり、思い込みである場合があり、そのような思い込みや偏見から、判断、行動することが、時には、排他的になったり公平性に欠けるものになったりすることがあります。

ですから、まずは自分を含めて誰もがアンコンシャスバイアスを持っていることを自覚し、それらにきちんと向き合って対処することが大切です。

ガラスの天井(Glass ceiling)ジェンダーギャップ指数先進主要国最下位の日本

また、「ガラスの天井」という表現もあります。

ガラスの天井(Glass ceiling:グラスシーリング)とは、組織内で昇進に値する十分な素質や実績を持つ人物が、性別や人種などを理由に、不当にキャリアアップ、昇進を阻まれてしまう「見えない障壁/天井」が存在することを意味する比喩的表現です。

特に、ジェンダーギャップ指数に関わる女性の政治進出や、企業における上級管理職への昇進、労使団体等における意思決定の場への登用を阻害する際に使用されることが多いものです。

日本では、法制度の面でガラスの天井の解消に向けた取り組みとして、1986年に男女雇用機会均等法が施行され、1999年4月施行の改正法ではそれまで努力義務であった募集・採用、配置・昇進、教育訓練での差別が禁止規定になりました。

さらに、実質的な機会均等を実現することを目的とし、一定の範囲で特別の機会を提供するポジティブ・アクション(積極的改善措置)も認められました。

このように法の面で日本は比較的、男女の平等が保障されています。

しかし、実際はまだまだ慣習やしきたり、アンコンシャスバイアス(無意識の偏見)、労働環境や周囲の無理解などにより、日本社会のガラスの天井を解消できておらず、その実情がジェンダーギャップ指数政治・経済分野先進主要国最下位として表されているといわれています。

出典https://ideasforgood.jp/glossary/glass-ceiling/

いかがでしたでしょうか。

第2章では知ってはいるけど実はあまりよくわかっていなかったり混乱しやすい、

重要なキーワードをまとめてご紹介しました。

人は、経済的、物質的な充実だけでは幸せになれない。

だからこそ、日本と世界は心身ともに健康で幸福感を感じることができるウェルビーイングな社会を目指しています。

そして、その実現のためには、ジェンダー、人種、身体的特徴など異なる属性を持った多様な人たちの誰もが尊重される、活かされ、ＤＥ＆Ｉを取り入れた新しい社会や組織や環境を創ることが重要です。

もちろん、これらの考え方や概念は押し付けではありません。

しかし、誰もがお互いを尊重し、思いやりの心を持って生きることや、属性や個性、異なりの中にこそ、新たな可能性を見出して力を合わせて新しい価値を創出し、経済的にも文化的にも成長、発展し心身ともに豊かで幸福感のある未来になったら素敵ですし、『持続可能で笑顔溢れる組織づくり』を実現するためには誰もが意識すべき重要なテーマであると私は思っています。

さて、次の第3章は『若ものと女性に選ばれなければ２０４０年にまちが消滅⁉』というテーマです。

この知識は、日本に住む全ての人たちの将来に直結する重要な内容ですので、ぜひ読んでみてくださいね！

第3章

若ものと女性に選ばれなければ2040年にまちが消滅!?

さてここからは『日本の現状と近未来』の基礎知識を共有したいと思います。

このテーマは、組織はもちろん、私たちの今後の暮らしや人生にも繋がる最重要テーマの一つですので、ぜひ興味をもっていただきたいと思います。

まずは、「地方の深刻な課題である若者と女性の人口流出」についてです。

『極点社会』若ものと女性が大都市に吸い込まれる？

さて、皆様は『極点社会』という言葉を聞いたことはありますか？

極点社会とは、**地方から東京などの大都市への人口の流出が進み、大都市圏に人々が凝集して生活**している社会を表しています。

図8は、地方都市の若ものと女性の人口流出のデータを示しており、**地方で生まれ育った若ものや女性たちが『進学、就職、結婚、出産』などによってまちを離れ、そのまま地方に帰ってこなくなっている、**という現状が表されています。

そしてここで注視すべきは、出生数の多い25歳から35歳の若い女性たちが流出しているということです。

この年代の女性たちがいなくなるということは、もちろん子どもの数はほとんど増えず人口は減っていく一方ということになります。

896市区町村が消滅の可能性

そしてもう一つ、人口流出に関わる知っておいていただきたいデータがあります。

皆様は、「消滅可能性都市」というなんとも恐ろしい響きのこの言葉を聞いたことはありますでしょうか？

これは、「日本創成会議」という民間の有識者団体がつくった言葉で、2010年から2040年にかけて20〜39歳の若い女性たちがまちを去って帰ってこなくなり、人口が5割以下に減少する可能性のある市区町村と定義されています。

図8：地方都市圏の人口移動の状況(2022年)

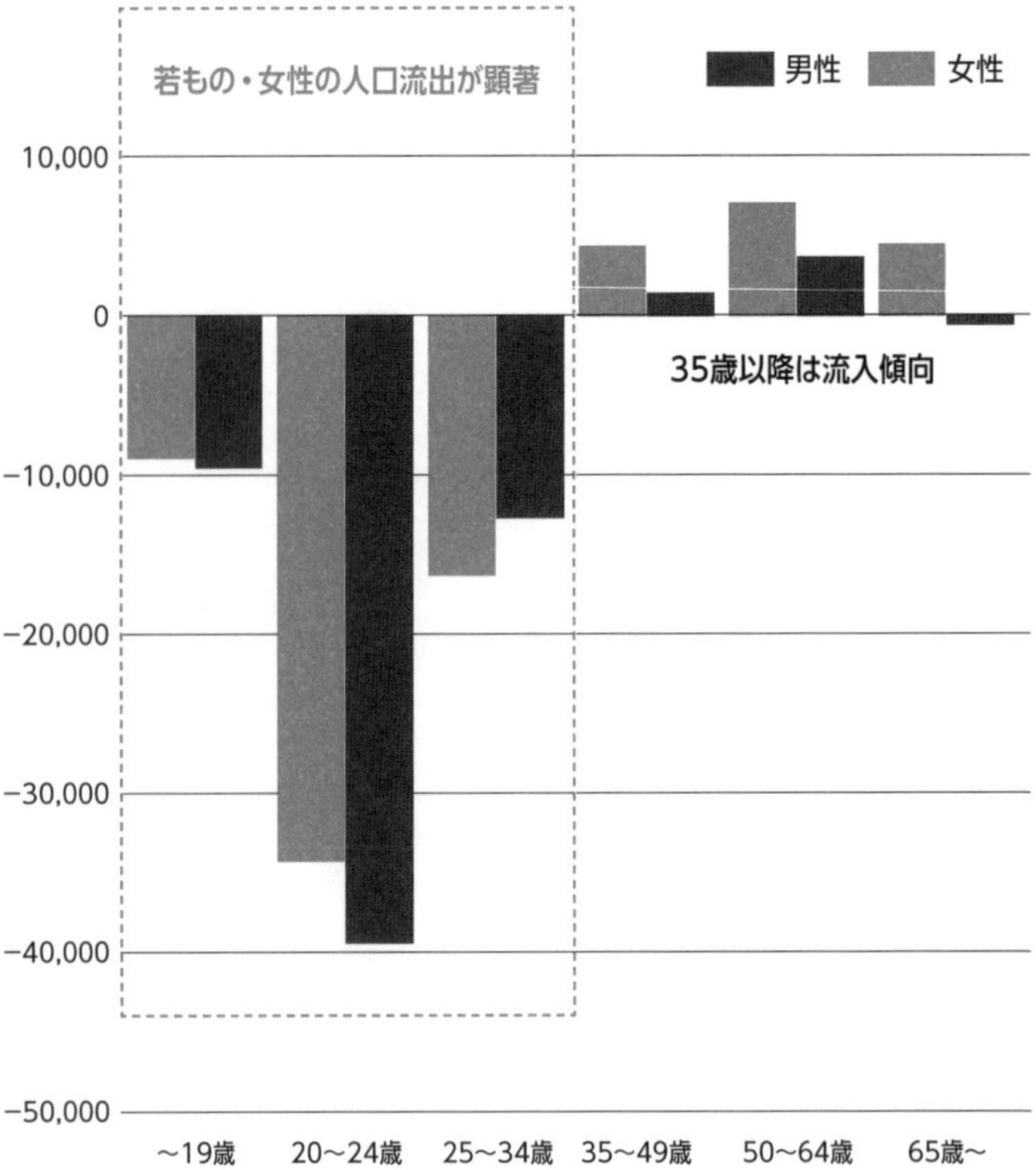

※地方都市圏=東京・千葉・神奈川・埼玉を除く道府県

出所：総務省(2023)「住民基本台帳人口移動報告」日商事務局作成をもとに作成

図9：2010年から2040年の20～39歳の若年女性人口の
変化率でみた自治体数

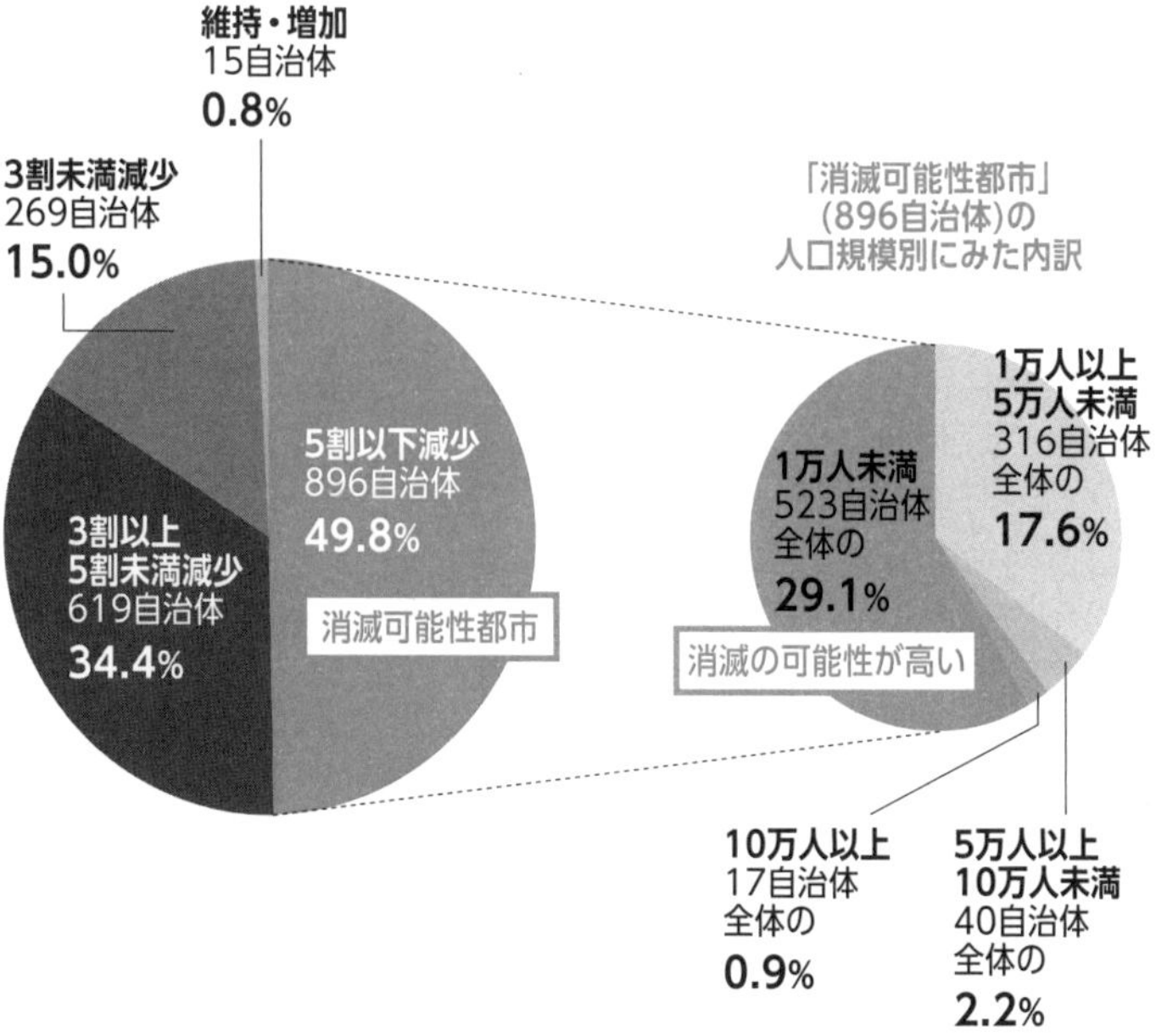

出所：国立社会保障・人口問題研究所「日本の地域別将来推計人口推計」をもとに作成

図10：東京圏への移住要因となった地元の事情

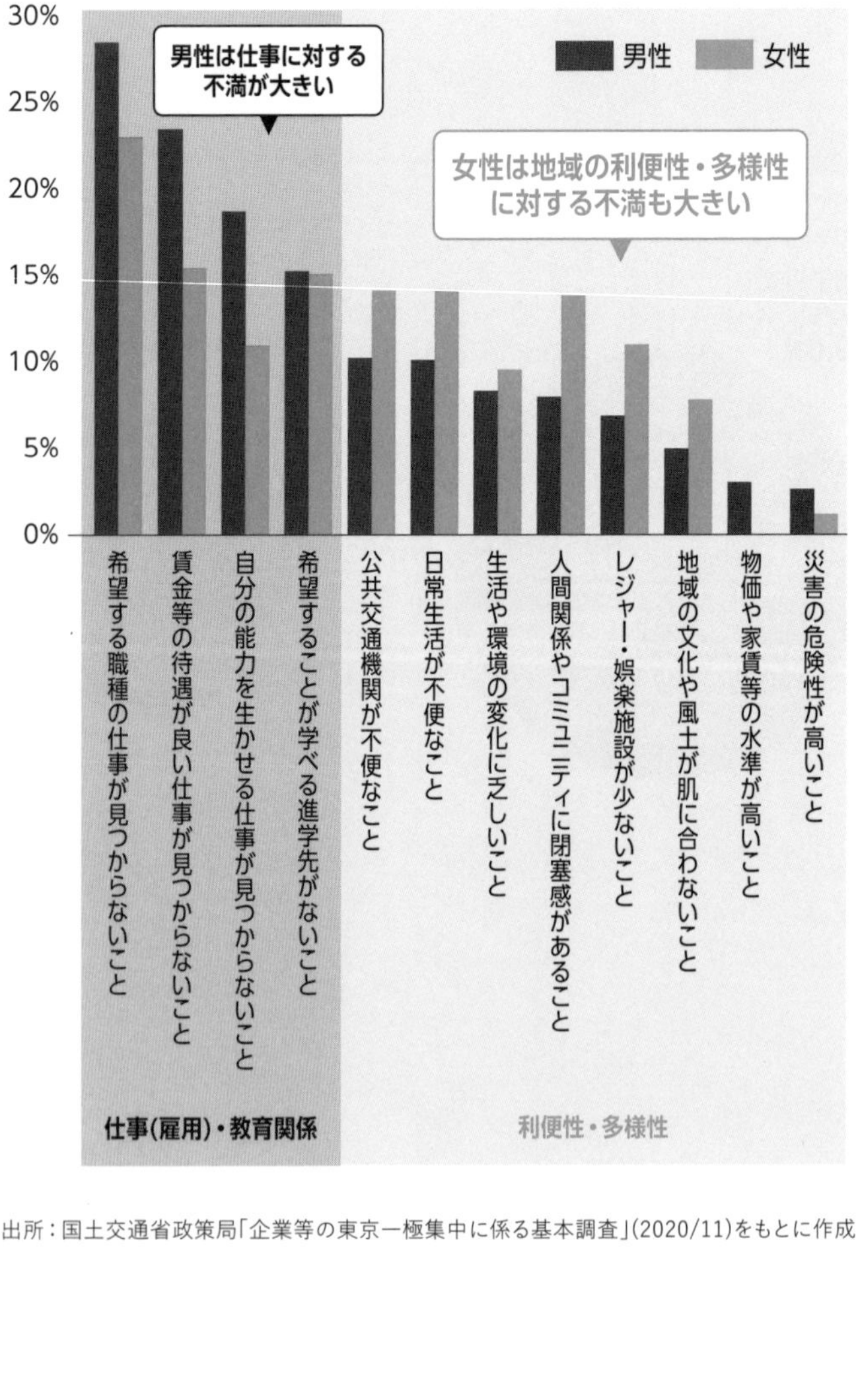

出所：国土交通省政策局「企業等の東京一極集中に係る基本調査」(2020/11)をもとに作成

消滅といっても、そのまち自体が消えてしまうということではありません。

20〜39歳の子どもを産む世代の女性の数が一定の割合を下回ると人口が減少し、徐々に地域の経済社会を支える働き手が不足して経営がままならなくなり、衰退したり廃業せざるをえなくなる企業が増えてしまう。そしてそれに伴って企業からの税収が減少して、「自治体（市町村）」自体の維持までもが不可能となって消滅してしまう可能性があるというものです。


そういった可能性を示唆するこの発表は、地方に大きなインパクトを与えました。

また、この発表があった2014（平成26）年時点の推計によると2040年には全国にある1724市区町村のうち約半数の896の市区町村が「消滅可能性都市」に該当しており、そのうち523市区町村は人口が1万人を割り込んで消滅の可能性がさらに高くなると指摘されています。


消滅する可能性があるのは、首都圏ではなくやはり地方です。

実は、私が生まれ育った四国の香川県も、17市町のうち半数を超える9市町が、将来消滅する可能性がある「消滅可能性都市」とされていました。

『若ものと女性の人口流出』がいかに、私たちの地域や人生に関係する、重要なテーマであるかが怖いくらいにわかる話だったのではないでしょうか。

日本の自治体の約半数が消滅する可能性があるとされる2040年まで、あとたった15年程度しかありません。

皆さんが住むまちも『今のままでいい』と現状にあぐらをかいていると、そんな恐ろしいことが15年後には現実のものになってしまうかもしれません。

若ものや女性の首都圏流出に繋がる4つの原因

さて、若い人たちや女性たちに首都圏に流出して欲しくない！

または、いずれ帰ってきて欲しい……（Uターン）。

そう思うのであれば、まずは若ものや女性たちの流出や、帰ってこなくなる原因についてもっと詳しく知り、対策を講じることが重要です。

国交省国土政策局の調べでは、女性や若ものが抱いている以下の4つの不満が、人口流出に大きな影響を与えている、と分析しています。

①仕事やキャリアの選択肢が少ない

- 仕事先や、働き方の選択肢が少ない
- 自己成長や、キャリアアップできる環境が少ない
- 会社の成長の可能性を感じられず、将来に不安がある
- 人間関係が固定的で閉鎖的、しがらみやストレスが多い

②交通やネット環境など利便性の悪さ

- 電車などの公共交通機関の利便性が悪い
- 通信環境などのインフラ環境が整っておらず生活や仕事に不便を感じる

③医療や育児・教育環境など『暮らし続ける』ことが不安

・結婚、出産後の育児環境や、学校や教育環境の選択肢が少ない
・医療環境が乏しいなど将来も暮らし続けていくことに不安がある。

④娯楽などが少ない多様性や成長を感じない

・カフェや映画館、公園や遊園地など、プライベートを充実させる場所が少ない
・仕事以外の時間に楽しめる場所が少ない
・洋服など買い物をする場所が少ない

など、若ものや女性たちが、生まれ育った地方から首都圏に出ていったまま帰ってこなくなっている原因は、主には生活の利便性、仕事やキャリアの選択肢の少なさや医療、育児、教育環境に関する将来の不安、仕事以外に友人や家族と楽しめる場所がないなど確か

に、どれを見ても頷けるものばかりですね。

未来を支える中心世代

新時代のまちや組織を創るなかで、しっかり議論しておくべきなのは『誰のために、誰を中心としたまちや組織を創っていくのか』ということです。

私たちが目指す新時代はいったい、誰のためのものでしょうか。

それはもちろん、皆様ご自身や**全ての人たちのためのものです。**

そしてその実現のために、全ての世代の人たちへの配慮を忘れず、誰もが笑顔で活動し続けることができる持続可能で心豊かなまちや環境を創っていくことが私たちの、目指すべき未来です。

しかしその実現に必要なキーパーソンは誰でしょうか？

誰にいて欲しいか、ということももちろん大切ですが、**誰がいなければならないのか**といった視点もあります。

前述したように、この先、10年後、20年後の未来においても**誰かがこのまちで働き、税金を納めて経済、社会基盤を支え続けていく必要があり**ます。

つまり、働く世代、『労働生産人口（15歳から65歳）』がいなければ企業や組織、そしてまち自体が成り立たなくなるのです。

ですから、持続可能で笑顔溢れる『新時代の組織』を創るためには、**経済・社会の基盤を支える働く人たち（生産年齢人口）と**若い世代（ファミリー層）や女性たちに選ばれるまちや組織であることが重要です。

そして、その実現のためには働く世代や、これからキャリアとファミリーを築く若い世代や女性たちが『このまちで暮らしたい。またはここで働き続けたい』と思えるような環境を整えていくことが重要です。

ジェネレーション（世代）による『価値観のギャップ』

さて、持続可能な新時代を創るためには、若い世代や女性たちに選ばれるまちや組織であることが重要であるということがわかりました。

そしてそんな中で、現在若ものや女性たちが流出しているまちと若ものや女性たちがのぞむまちの現状のギャップは大きく、そのギャップをどう埋めていけるかが大きな課題となっています。

では、なぜそういったギャップが生まれてしまうのでしょうか？

もちろん、様々な要因がありますが一つ、意識すべきことはジェネレーションギャップ（世代による価値観のギャップ）についてです。

現在のまちや組織をつくり、運営してきた中心世代は団塊の世代や団塊のJr.世代（50～70代）ですが、生まれた時からデジタルネイティブであり、現在10代から20代前半で、10

年後の日本の中心を担うZ世代とのジェネレーションギャップは大きなものです。
例えば、高度成長期やバブル経済の好景気を経験した団塊の世代や団塊Jr.世代の仕事選びの価値観は、より多くの『年収』や『役職や社会的地位』などの物質的な豊かさを得ることでした。

しかし、生まれた時から物質的に恵まれており、デジタルネイティブとして育ったZ世代の仕事を選ぶ際の価値観は異なります。

もちろん、年収や福利厚生などの基本的な条件は仕事を選択する際の重要要素ではありますが、その他にも『自己成長やキャリアアップができる職場』であることや『男女の育休や有給の消化率の高さ、フレックス制度の有無』や『理想のワークライフバランスを実現できる環境』『やりがいや社会性の高い職場』であることなども職場選びの選定要素になっているようです。

また昭和うまれの50代と、平成うまれの20代に仕事の価値観についてアンケートを取ったところこのような結果になりました。

77%の若ものはプライベートを重視

例えば、若ものが就職・転職先を考える上で新しい職場での残業の有無を気にするか」の質問に対し「とても気にする」「少し気にする」は、計82・3%と非常に高く残業の有無が働く環境を選ぶ重要な判断基準のひとつとなっていることがわかります。

そして、残業の有無が気になる理由は

「プライベートの時間が減ってしまうから」が77・4%で最多でした。

出典モデルプレス https://mdpr.jp/other/detail/3816627

『残業を最小限』にする効率化を実践

また、若い世代ほど残業を最小限にして、プライベートな時間を優先させられるように仕事の効率化を意識して行動しており、従来の前例踏襲を避ける傾向も強いようです。

「仕事の優先順位をつける」（55・3％）
「スケジュール管理を徹底する」（33・6％）
「できない仕事は断る」（21・4％）

Z世代が古い！と感じる「仕事観」

また、Z世代が古い！と感じる仕事観についてを聞いたアンケートでは、このような結果となりました。

「上司より先に帰ってはいけないという暗黙のルール」
「新人は誰よりも早く来て、誰よりも遅く帰る」
「残業時間は長い人ほど頑張っている」
「仕事のためなら残業も、土日出勤もいとわない」
「プライベートより仕事を重要」

出典マイナビニュース
https://zac.go.oro.com/news/news-2085.html

理想の夫婦像の変化
共働きが70%に！

また、結婚後の幸せのカタチの価値観も大きく変化しています。

「夫は仕事、妻は専業主婦が理想の夫婦」として、日本の一般家庭に『専業主婦』という言葉が定着したのは戦後1950年頃からで、1975年頃には約60％を占めていました。

しかし、そこから約50年の月日が経った今、**夫婦の理想のあり方や、理想とするワークライフバランスは大きく**変化しています。

男女共同参画白書によると、1980（昭和55）年以降、夫婦共働き世帯は年々増加し、1997（平成9）年には共働き世帯数が、男性雇用者と無業の妻（専業主婦）から成る世帯数を逆転しました。

そして2012（平成24）年頃から、2020（令和2年）にかけて共働き世帯は全体の68・4％に達し、**今や全世帯の約70％が共働きの時代になりました。**

図11・12をごらん下さい。**若い世代ほど将来も共働きをして仕事と家庭を両立させたいと考える男女が増えている**ことがわかります。

いかがでしょうか。

このように、男性は外で仕事をして、女性は家庭の中で専業主婦であることが幸せな理想の夫婦像としていた団塊の世代以上の方々の価値観や人生観を、そのまま今の若い世代に当てはめようとしてもミスマッチが起こってしまうのは当然のことですね。

子どもが発熱！どちらが仕事を休むか問題

若い世代や女性たちが望むワークライフバランスを考えるとき、テーマになるのはやはり、家庭での家事・育児との両立問題です。

例えば、共働きの家庭だったとして子どもが熱を出したとき、どちらが仕事を休めばよいでしょうか？

つい近年までは妻（母親）が休むのが当たり前の世の中だったかもしれません。

図11：未婚女性（18〜34歳）の理想のライフコース

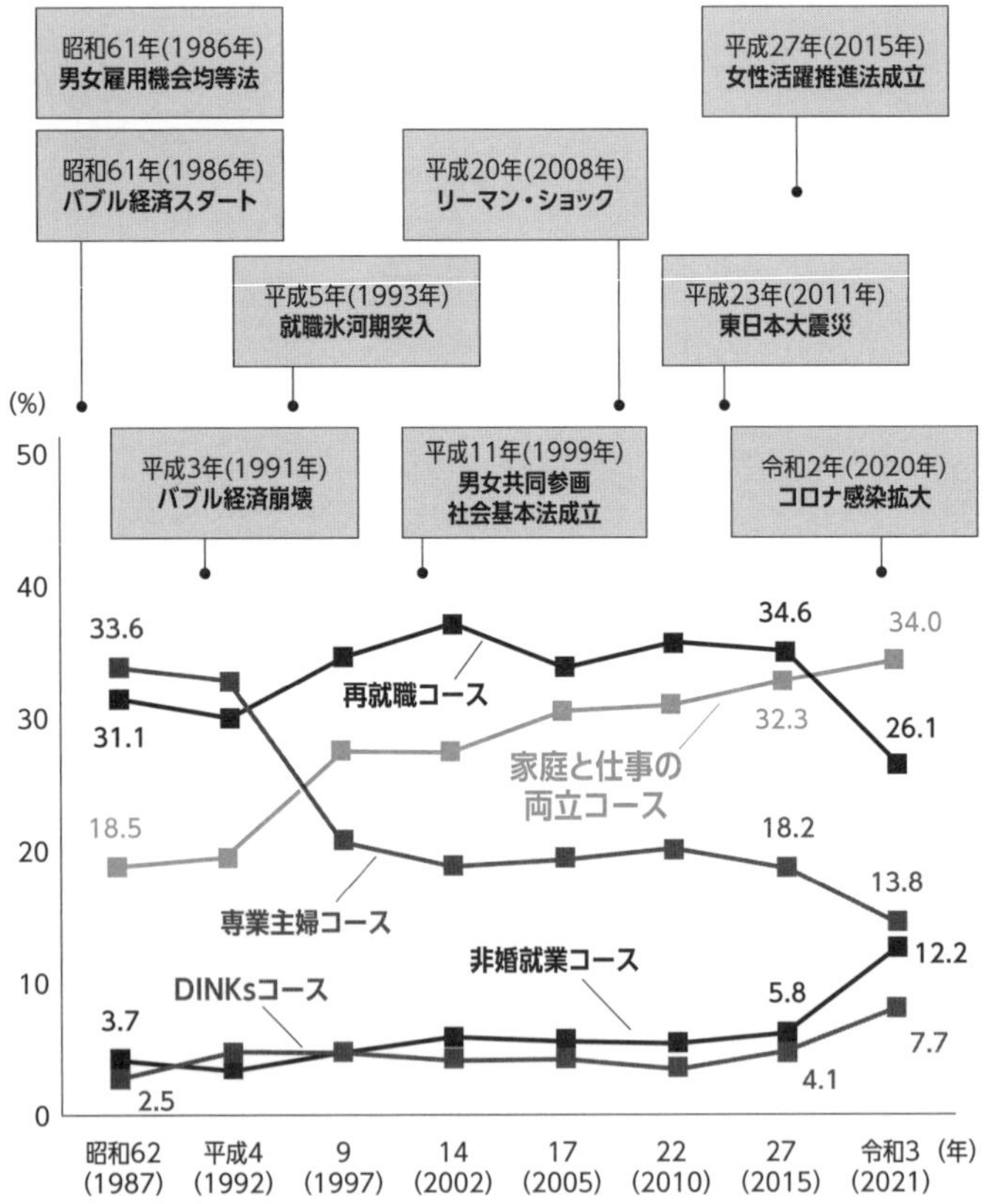

出所：国立社会保障・人口問題研究所「第16回出生動向基本調査（独身者調査）」をもとに作成

図12：将来のパートナーに対する未婚男性(18〜34歳)の希望

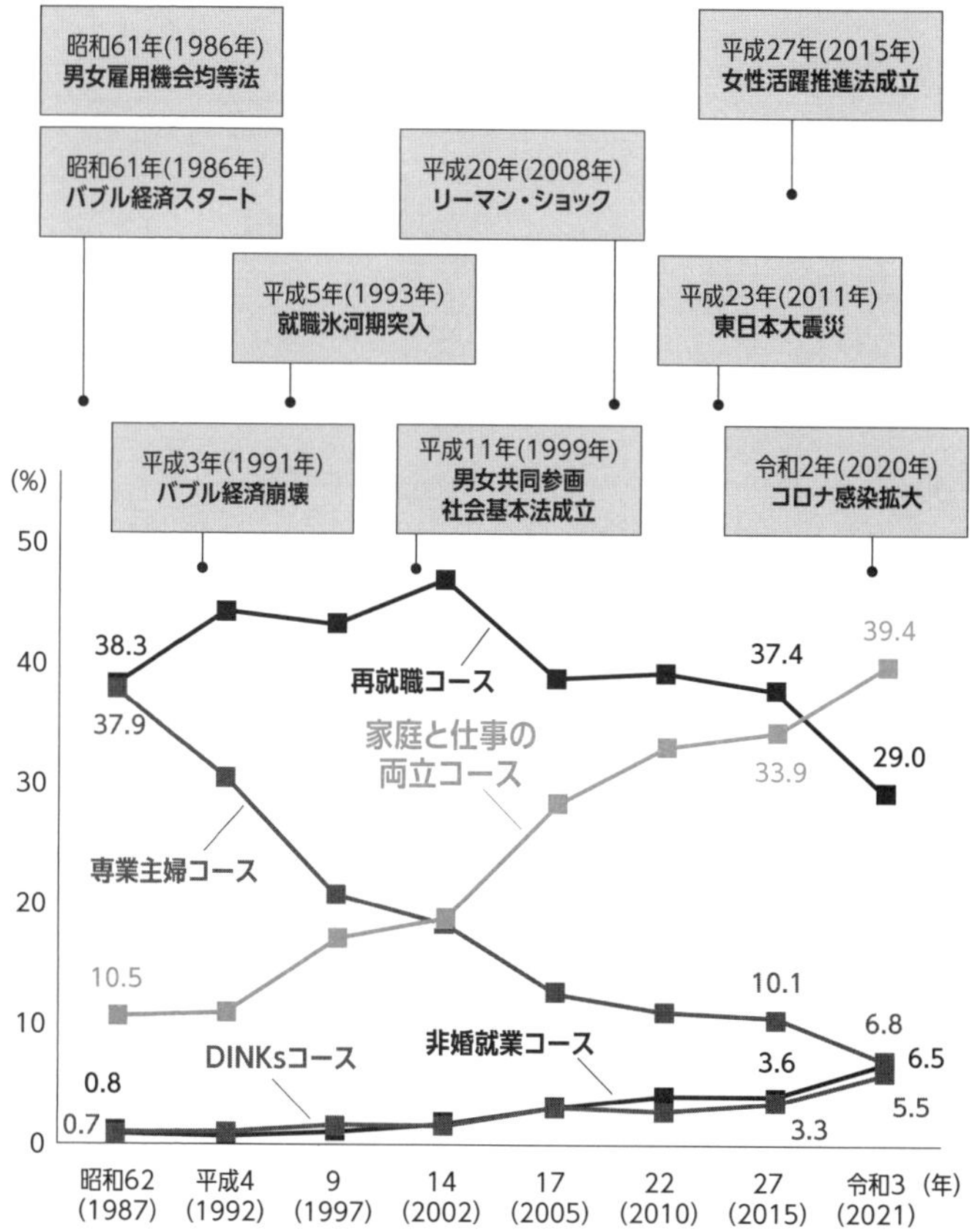

出所：国立社会保障・人口問題研究所「第16回出生動向基本調査(独身者調査)」をもとに作成

図13：あなたは何世代？　戦後の世代名一覧

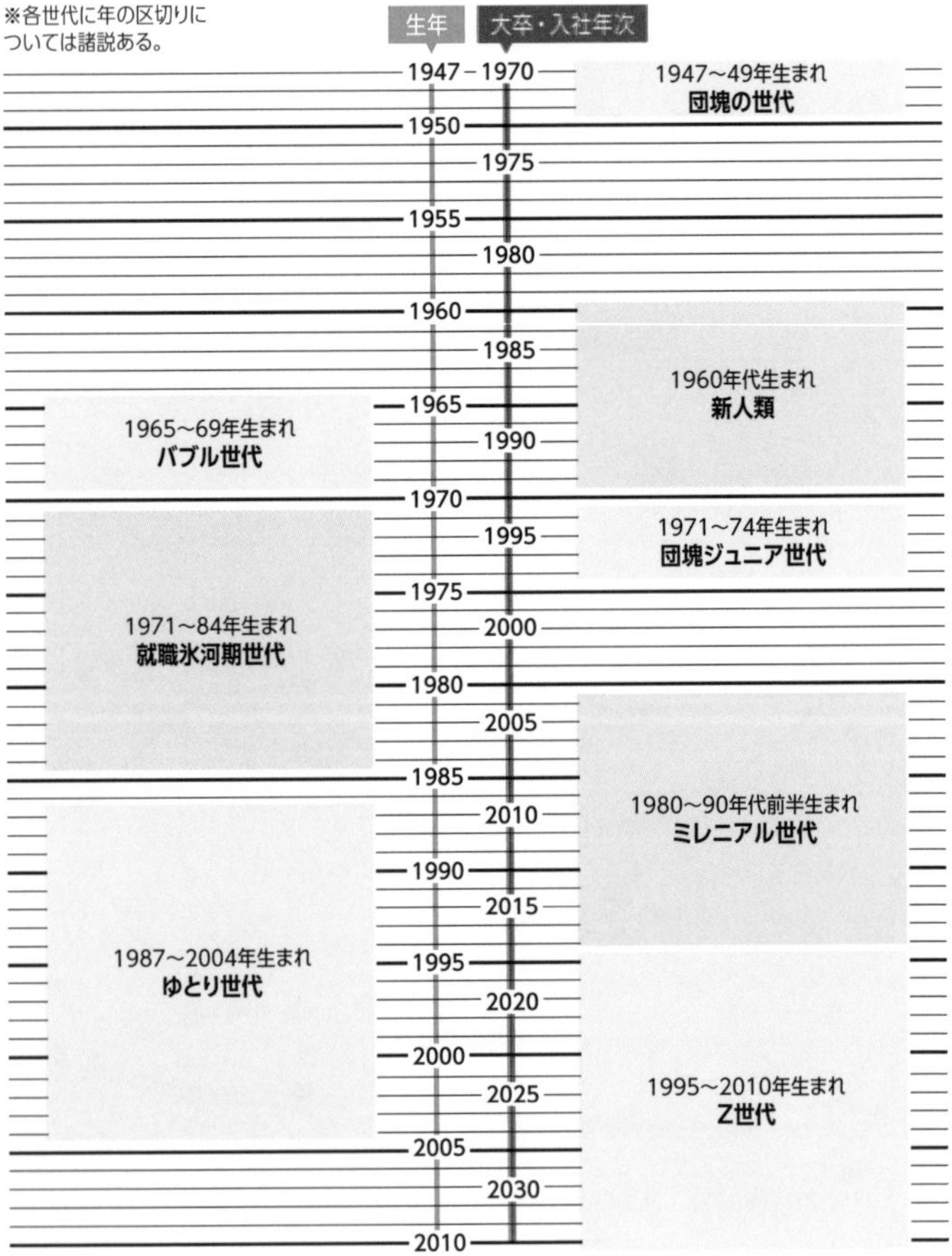

出所：nippon.com　あなたは何世代？ 戦後の世代名一覧(2022)をもとに作成

ですが、育児をしながら働く女性たちにとって、こういったことが当たり前とされる社会は心身ともに辛くとても負担の重いことです。

愛する家族との生活を守るために、家事に育児に仕事にと毎日、一生懸命なのに、子どもが熱を出して急に呼び出されることが続くと、仕方がないとはいえ職場では肩身の狭い思いをして、時には「母親なんだから当たり前でしょう」といわれるなど、

「こんなに頑張っているのに、なぜみんなわかってくれないんだろう……」

そんな気持ちになって子どもと一緒に泣いてしまう。

そんなお母さんもいることでしょう……

しかし、新時代のニューノーマル、若い世代が考える理想のあり方はこれまでとは違います。

家事と育児を夫と妻のどちらが率先して行うべきかというアンケートで、

50〜60代の男女では「妻がするべき」という答えが10ポイント上回っていました。

しかし、年代が低くなるほどその差異はなくなり、20代ではほとんど差異がありません。

つまり、20代の若ものたちにとっては、男性も女性と同じように家庭と仕事を行うべきであり、「子どもが熱を出したときも、妻が仕事を休むのが当たり前」という時代ではなくなっているのです。

若い世代や女性に選ばれる新時代へ

令和の時代に入り、女性たちの約70%が結婚、出産しても共働きを選択をしたいと答えています。

そしてそういったことができるようになったのも、これまでの男女の固定的役割に囚われずに、一つの家庭を共に守り育むパートナーシップの理想像が少しずつ変わってきたからではないでしょうか。

出産の際には男女ともに育休を取ったり、子どもが熱を出したときは夫婦が交代で早退したり、ときには、夫(男性)が会社を休んで子どもの看病をすることも当たり前の時代になってきました。

限られた人生という時間の中で大切な家族と、もっと一緒にいたいと思うのは当然のことです。

そして経済的な充実だけではなく**心身ともに満たされ、幸福感溢れるウェルビーイングな状態になるためには、家族や友人など自分にとって大切で身近な人との良好な関係性が欠かせません。**

愛する家族との良好な関係性を育むためにも、家事や子育てなど、家庭全般の喜びも負担も分かち合い、支え合う新時代のワークライフバランスを実現したい。

そして、そんな**理想の人生が実現できる会社で働きたい**と希望する人たちが増えているのです。

いかがでしたでしょうか。

持続可能で笑顔が溢れる新時代の組織、そしてまちを創るためには、**日本の未来を支える若い世代の人たちが「こうありたい」と望む生き方や働き方、ワークライフバランスがどのようなものであるのかをしっかりと理解して、**まちも、組織も、もっと**一人ひとりの**

人生に寄り添うかたちへと変革していくことが重要なのです。

第4章

新時代のキーパーソン!
最強の成長戦略『女性活躍』が日本を飛躍させる

なぜ必要？ 女性活躍は『最強の成長戦略』

皆様は女性活躍が日本の「最強の成長戦略」とされていることをご存知でしょうか？

え？　女性活躍って成長戦略なの？
そう思われた方もおられるのではないでしょうか。

本章は、これまで『女性活躍』という言葉にどうしても興味が持てなかったり、抵抗があった、という皆様にとりましては目からウロコ、かつ今後の組織運営にきっと役立つと思う情報を詰め込みましたので、ぜひ興味を持って読んでみていただければと思います。

《女性活躍大混乱期！》重要なテーマを理解しよう

『女性活躍って、結局女性を優遇しようということですよね？』

『ジェンダーレス、ジェンダーフリーの時代だから、女性という表現自体が差別だよね』

こういった話を聞いたことがありませんか？


日本は今、女性活躍、ジェンダーレス、ジェンダーフリーそしてダイバーシティなどのキーワードが持つ本来の意味や目的などが正しく理解されておらず、《女性活躍大混乱期》を迎えています。

そのため、意欲的なリーダーが女性活躍を進めようとしても、自分自身も本来の意味をしっかりと理解できておらず周囲から押し返されてしまい、頓挫してしまう……そういった状態をたくさん見てきました。

第2章でも少し、ジェンダーレス、ジェンダーフリーやダイバーシティなどをご紹介してきましたが、この章では日本の生き残りをかけた成長戦略である女性活躍に特化して、**誤解されやすいキーワードや要点をまとめてご紹介したいと思います。**

実はとても重要なテーマにもかかわらず、この話をきちんと理解している方は非常に少ないので、新時代を創るリーダーの基礎知識としておさえておきましょう。

女性活躍推進法

さて、日本には『女性活躍推進法』という法律があるのをご存知ですか？

これは簡単にいうと、「働きたい女性たちがもっと社会で活躍できる仕組みや環境の実現」を目指してできた法律であり、**女性が家庭と仕事を両立できる環境や、体制づくりを企業や国、地方自治体に促すための法律**です。

逆にいうと、現在の日本の組織の仕組みや環境では、**働きたい女性たちがもっと活躍することが難しい状況**ということでもあります。

また、実は日本の女性活躍に関する法律は、1985年の男女雇用機会均等法から始まっており、すでに40年近く前から女性の活躍に関する取り組みを、国を挙げて行ってきました。

その結果、制度や保育園の整備などある程度の改善はされてきており**女性の就労率そのものは、海外主要国と同じレベルに増えました。**

しかし、2022年時点でも女性の管理職比率は、目指している目標に遠く及ばず、**世界の先進主要国の中でも最低レベルとなっています。**

女性活躍・ダイバーシティに関する主な法制度

・1985年　男女雇用機会均等法
・1991年　育児休業法（現在の育児休業、介護休業等育児又は家族介護を行う労働者の福祉に関する法律）
・1999年　男女共同参画社会基本法
・2003年　次世代育成支援対策推進法
・2015年　女性活躍推進法（2019年同法改訂）
・2017年　ダイバーシティ2・0行動ガイドライン（経産省）
・2021年　コーポレートガバナンス・コードの改訂
・2023年　女性活躍・男女共同参画重点方針2023（女性版骨太の方針）

しかし、なぜ日本はこんなにも多くの法律や制度を作ってまで女性が活躍できる環境が不可欠だというのでしょうか？
ここからはなぜ、日本に女性活躍社会の実現が不可欠とされているのか、そしてその絶大な可能性をお伝えしていきたいと思います。

女性は文化的、経済的発展と幸福を生み出すキーパーソン

Japan as number one! ジャパン・アズ・ナンバーワン！といわれ勤勉で、優秀な日本人男性たちが中心となって働いた戦後の高度成長期を経て、日本が経済大国日本として世界が認める素晴らしい国へと発展したことは、紛れもない事実です。

しかし日本は今、世界一のスピードで進む少子高齢化、急速に進む円安、ＧＤＰの低下など急激な国力低下が危ぶまれています。

また、いよいよ迫る2025年問題を前にする中で、日本が持続可能性と成長性を持った新しい社会へと変革できるかどうかが日本の命運を分ける大きな別れ道とされており、特に資源を持たない日本の最大の武器は「優秀な人材」とされています。

そんな中で皆様は、『失われた30年』という言葉をご存知でしょうか?

これは、バブル崩壊直後の1990年代からこれまでの約30年間、新しい価値を生み出すための改革やイノベーション、経済の成長がほとんどなく長期的に停滞してきたことを表す言葉です。

そして、一部の経済学者はこのまま日本が変わらなければ失われた30年から40年に突入するだろうと予測しています。

今後どのようにして30年間停滞してきた経済社会を変革し、イノベーションと成長を促していくかは日本の大きな課題の一つです。

そして実はその解決策の一つとして、新たな成長とイノベーションを起こす起爆剤となる可能性があるのが『女性活躍』社会の実現なのです。

2013年、故・安倍晋三首相が掲げたアベノミクス、成長戦略の『3本の矢』を覚えているでしょうか。

その3本の矢のうちの1本がまさに『女性活躍』でした。

そしてそこでは2020年までに指導的な地位につく女性を30%まで増やすことを目標に掲げ、それに伴い2016年に女性活躍推進法が施行されました。

ではここからはなぜ、女性活躍が日本の『成長戦略』とされ、『失われた30年』を打破する起爆剤としても期待されているかなどの理由をお伝えしていきたいと思います。

少子高齢化社会の『人手不足』解消と優秀な人材確保

日本政府が法律まで作って女性活躍を推し進める理由の1つ目は、『人手不足の解消・社会の担い手として』女性の力が必要だからです。

全人口の約半分は男性、そしてあと半分は女性です。

そして、戦後、日本では主に女性たちは家事と育児を、そして男性は外に出て仕事をするといった性別的役割分担意識をもって支え合い『今』をつくってきました。

そういったことから、**現在日本の経済社会は主に男性によって作られた『男性社会』**といわれていますが、今後、少子高齢化社会による人口減少や、団塊の世代の退職などにより多くの企業や組織が『深刻な人手不足』に陥利、存続自体が困難となることが事態が予測される中で、OECD『男女間の格差と労働力による分析』2012年によると**日本の女性の労働参加率が男性並みになれば2030年までの労働力はほとんど減少しない**ともいわれるほど影響力があるとされており、日本にとって今後経済社会を支える担い手として女性活躍社会の実現は必要不可欠であるといえます。

『男性社会』の中に女性の多様性と個性を取り入れる

そして2つ目は、男性目線でつくられた「日本の経済社会（男性社会）」の中に女性の多様性をとり入れることは、経済的、文化的両面において新たな価値の創出や、イノベーションを生み出す有効な方法であるとされているからです。

GDPに約4兆円の経済効果が期待

実は、女性の購買力は実に市場の8割を占めているとされ、その影響力は絶大です。日本の家計支出のうち、妻の意思決定割合は約74％、世界でも約64％だというデータもあります。

また、男女間には消費心理行動の違いがあるともいわれており、経営の中に女性の消費心理傾向や多様性を取り入れた戦略に取り組むことで、8割の購買力を持つ女性が求める新しい商品やサービス、イノベーションの創出など、日本のGDPに約4兆円以上の経済効果を及ぼす可能性があるというのですから驚きです！

そういった観点から、女性マーケットにイノベーションを起こして利益を上げようとする企業も増えているようです。

プロセス・イノベーション創出
女性やシニア層も働きやすい新環境へ

また、女性が活躍することで**生産性や流通の過程に変革を与える「プロセス・イノベーション」が創出されることも企業文化の成長に繋がる**と期待されています。

例えば女性技術者が工場に配置されたことにより、工具の軽量化や棚の位置などを低くしたりと体制や環境を変えたところ、シニア層や男性たちにとっても働きやすくなり全体の生産性が向上することなどを指します。

出典イマドキ女性管理職の働き方　日経BP刊（第1章　女性たちよ、チェンジメーカーになろう）

リスク管理能力(ガバナンス)や適応能力の向上

次に期待されるのが組織のリスク管理能力(ガバナンス)や変化に対する適応力の向上です。

女性役員が1名以上いる企業は能力の範囲拡大やガバナンス強化によって『破綻確率を20％減らせる』という調査結果があります。

これは、役員に男性しかいない場合、価値観や行動パターン、情報収集などのアンテナの向きなどが同じになりがちで、様々なリスク要因や変化をキャッチしにくくなりますが、女性という別の視点や能力を持つ存在がいることで、組織のリスク管理力向上に繋がるとされています。

女性管理職比率が利益、株価・投資家の評価の高さに！

また、女性が活躍する会社は投資家に好まれ、社会的信頼の向上やESG投資を通じて長期、安定的な資金調達に優位であるといわれています。

※ESGは、Environment（環境）、Social（社会）Governance（企業統治）の略で、Socialの主要なもの差しとして女性の活躍がある。

ようやく日本も、女性役員や管理職の有無や割合が、企業成長の可能性、企業価値として評価される時代になりました。

実際、役員の中に女性がいる企業は、いない企業よりも《自己資本比率・利益率》が高く、女性の視点や多様な感性を取り入れることが、いかに経営に新しいイノベーションを生み、生産性の向上、売上や利益、企業価値の向上に効果的であるかというを示しています。

また、取締役会における女性の割合が高い企業ほど、企業価値の尺度の一つとされる価値パフォーマンスが高い、といったデータもあるなど、投資家が企業を評価する際に女性の役員比率をその企業の成長の可能性と重ねて評価していることがわかります。これは経営層の皆さんにとって大きなインパクトではないでしょうか？

女性はリーダーシップ能力が高い？ 5つのカテゴリー中4つで男性を上回る

また、もう一つ女性の管理職、リーダーについて興味深い統計調査が発表されています。

それはなんと、女性のほうが男性よりもリーダーシップ能力にが高いというものです。女性は全体的なリーダーシップ能力を構成する19の能力のうち、13の能力が男性より評価が高かったというデータが出ています。

図14：投資判断や業務において女性活躍情報を活用する理由

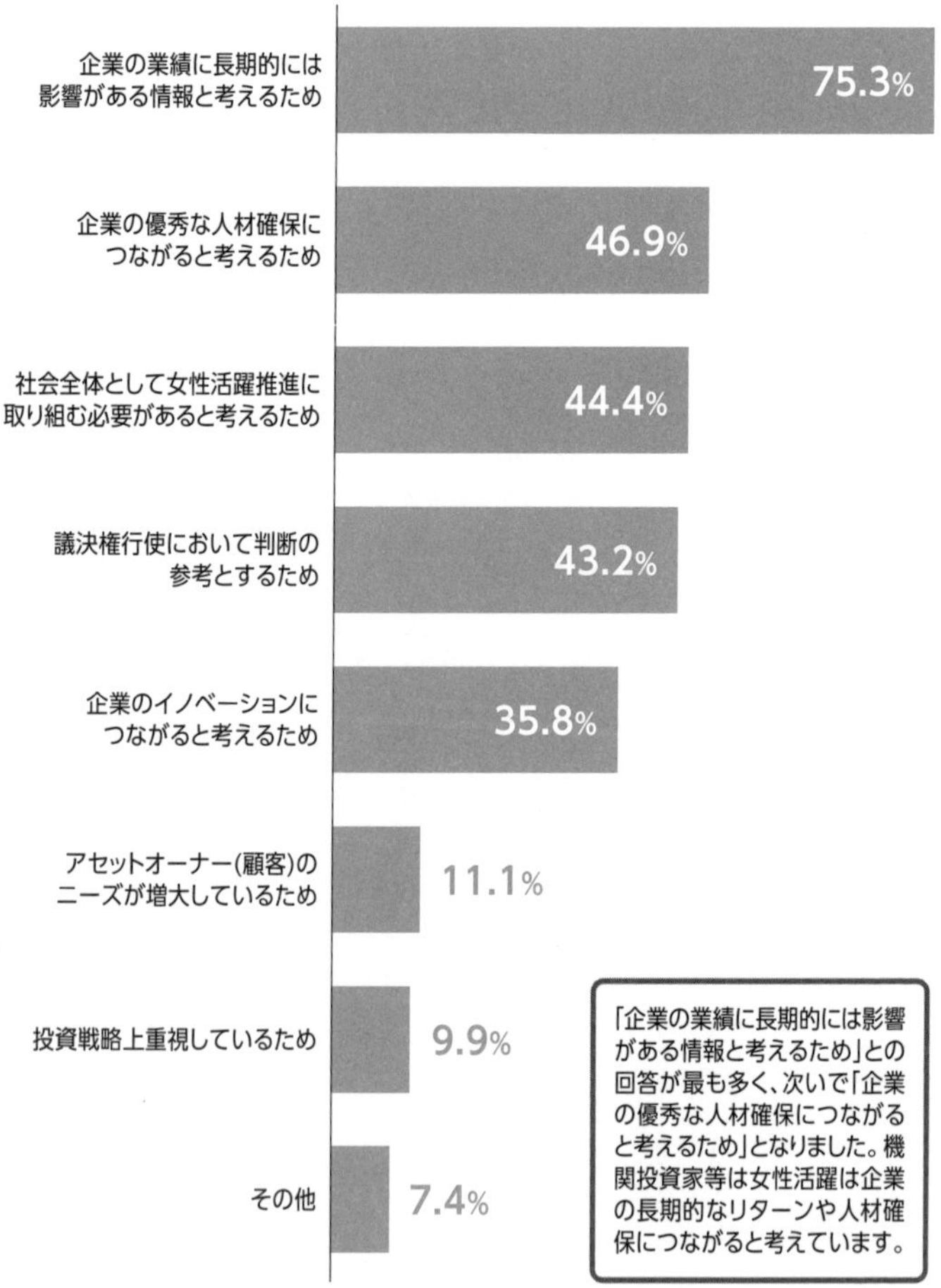

「企業の業績に長期的には影響がある情報と考えるため」との回答が最も多く、次いで「企業の優秀な人材確保につながると考えるため」となりました。機関投資家等は女性活躍は企業の長期的なリターンや人材確保につながると考えています。

出所：内閣府男女共同参画推進局 ジェンダー投資に関する調査研究（令和4年度）をもとに作成

図15：女性取締役のいる企業の方が、いない企業に比べ、株式パフォーマンスが良い

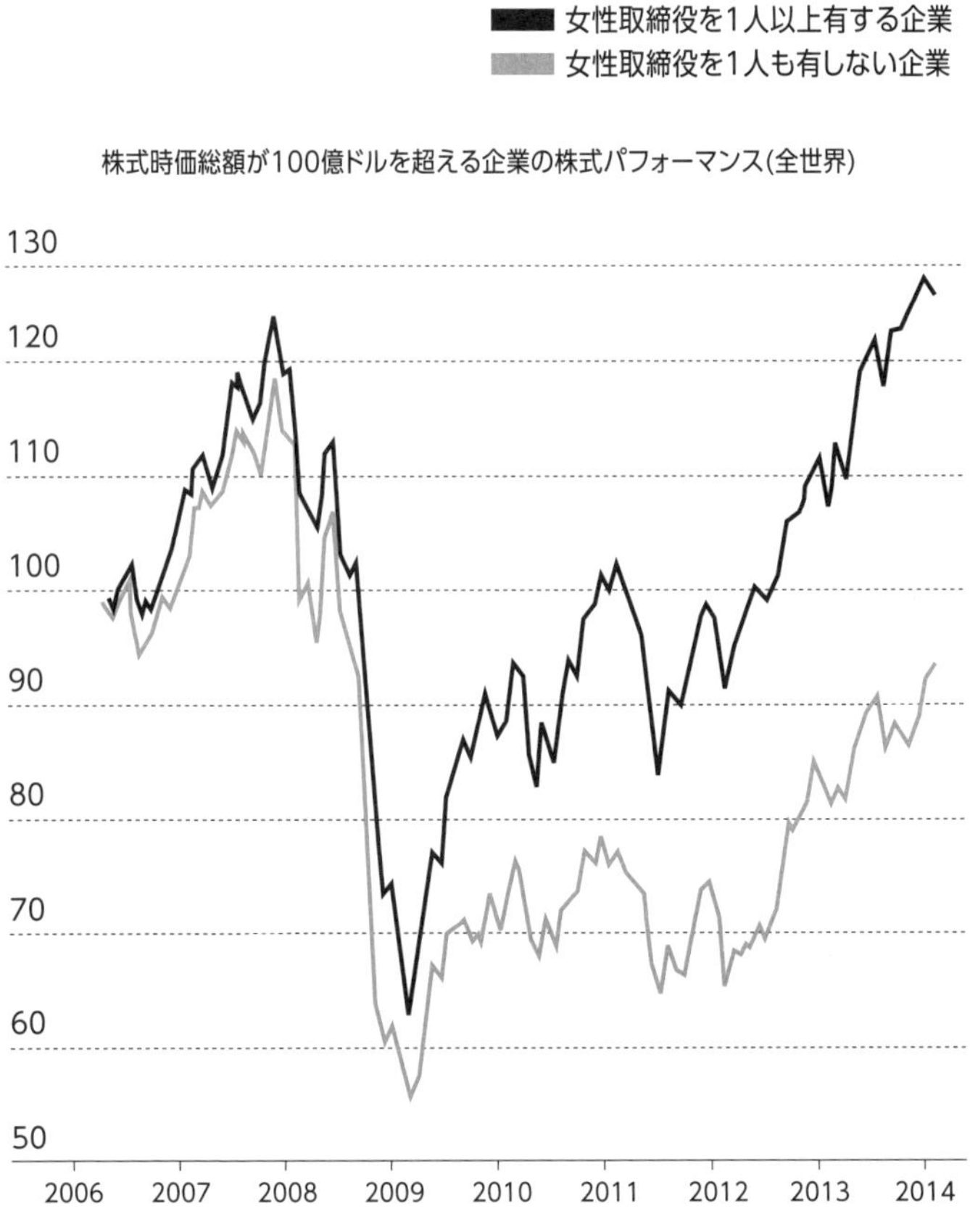

出所：Credit Suisse Research Institute “The CS Gender 3000：Women in Senior Management”をもとに作成

図16：役員に女性がいる企業のパフォーマンスは
高い傾向にある

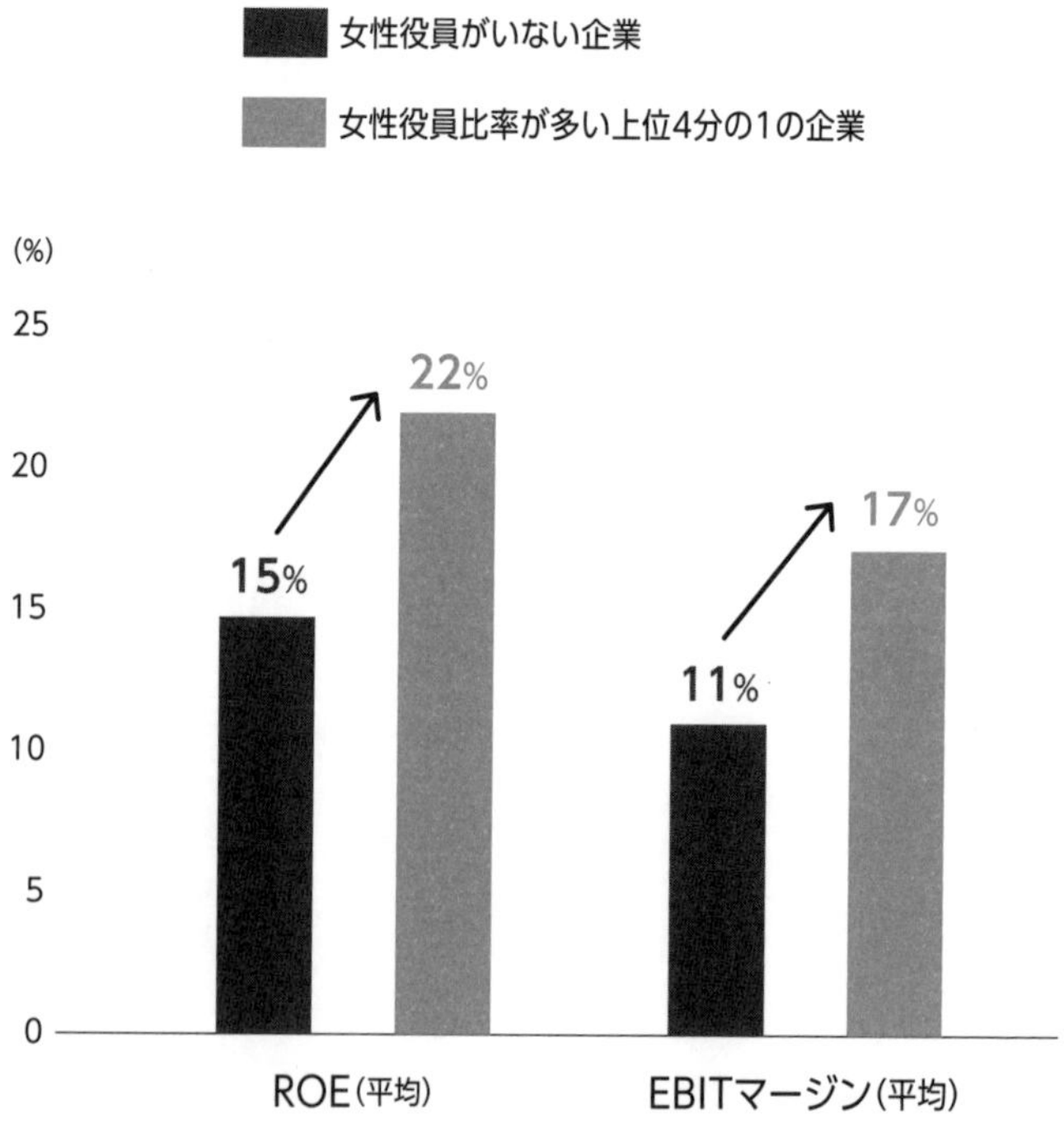

出所：McKinsey&Company "Women Mattter:Time to accelerate:Ten Years of Insights on Gender Diversity"(2017)をもとに作成

図17：主要なリーダーシップ能力において、女性は男性より高く評価されている

数千件の360度評価を分析した結果、有能なリーダーと平均的あるいは無能なリーダーを分ける19項目の能力のうち、17項目で女性は男性より高く評価された。

能力	女性のパーセンタイル	男性のパーセンタイル
イニシアチブを取る	55.6	48.2
再起力（レジリエンス）	54.7	49.3
自己開発	54.8	49.6
結果を出す意欲	53.9	48.8
誠実さ・正直さ	54.0	49.1
他者を育成する	54.1	49.8
他者を触発し動機づける	53.9	49.7
大胆なリーダーシップ	53.2	49.8
人間関係の構築	53.2	49.9
改革を支持・推進する	53.1	49.8
挑戦的な目標を設定する	52.6	49.7
協働とチームワーク	52.6	50.2
外部とつながりを持つ	51.6	50.3
力強く頻繁なコミュニケーション	51.8	50.7
問題の解決・分析	51.5	50.4
リーダーシップを発揮するスピード	51.5	50.5
革新を起こす	51.4	51.0
専門家またはプロとしての知識	50.1	51.1
戦略的視点を養う	50.1	51.4

注：すべてのデータのt値は統計的に有意。
出所：ゼンガー・フォークマン(2019)　©HBR.ORG DIAMOND Harbard Business Review「女性のリーダーシップ能力は総じて男性よりも高い」をもとに作成

データを見てみますと、例えば率先すること、つまりリーダーシップを発揮することを意味するイニシアチブを取ることや、問題やトラブルが起こったときに再起する力、自己開発力、成果結果を出す意欲、誠実さや正直さ、他者を育成する力など、**ほぼ全ての項目において男性よりも高い数字が示されています。**

また、BIノルウィージャン・ビジネス・スクールのリーダーシップおよび組織行動学部の学部長であるØyvind L. Martinsen教授が率いた調査では、ノルウェー人のビジネス・マネージャー3000人弱を対象に実施し、マネージャーの性格や気質を5つのカテゴリーにおいて数値化し評価した結果、

①「情緒的安定（**仕事関係のプレッシャーやストレスに耐える能力**）」
②「外向性（**イニシアチブを取り、明確に伝達できる能力**）」
③「新しい経験に対するオープンさ（**新しいものを取り入れ、好奇心があり野心的なビジョンを持つ能力**）」
④「社交性（**スタッフを支援し、世話をし、受け入れる能力**）」
⑤「秩序性（**ゴールを設定し、徹底して追求する能力**）」

の5つのカテゴリーのうち、なんと女性のリーダーが「外向性」「オープンさ」「社交性」

「秩序性」の4つで男性を上回りました。

しかし、女性の方が心配する傾向が強いため、5つのカテゴリーのうち「情緒的安定」は男性の方が上回った結果です。

※「ニューズウィーク日本版」（CCCメディアハウス）からの転載記事・元記事はこちら

女性は表情や感情を読み取る能力が男性の20倍！

また、ここでもう一つ興味深いお話を共有させていただきたいと思います。

女性は男性に比べ、なんと表情・感情を読み取る能力が「20倍」もあるというのです。

「女性の勘は鋭い！」といわれることがありますが、表情や感情を読み取る力が男性の20倍もあるということを聞けば、それも納得できますね。

論理的で、情報処理能力にも優れ、課題解決、目標達成能力に長けているとされる男性脳によってしっかり構築された現代社会に、女性たちの他者の感情を読み取る力、共感力、個性などを取り入れれば、多くの人の気持ちに寄り添った、思いやりと多様性に富んだ新しい文化や制度ができていくこともイメージできますね。

なぜ女性リーダーが評価されるのか

また、評価をされたリーダーに対して、部下が感じる**満足度と相互の信頼に基づいた従業員エンゲージメント**のスコアを付けたところ、女性リーダーの部下のレベルはとても高い結果となりました。

※エンゲージメントレベル……仕事に対するやりがいや熱意、楽しいなどの没頭力を示す指標

男性と女性では『関係性』の築き方が違う

ではなぜ、どうしてこのような結果になったのでしょうか。

一つの要因として考えられるのは、男性と女性の関係性の築き方の違いにあるのではないかといわれています。

男性は、たとえ仲間であっても上下関係を築き、ライバル関係となることが多くなる一方で、共感力の高い女性たちは、『私たち』という横の関係を築くことに長けていることが多く、部下と上司という関係性になってもワンチームとしての団結力と信頼に繋がったのではないかとされています。

https://shindancloud.com/trend/2616/

また、「部下がリーダーに求める人物像」に着目したところこのような結果になりました。

図18：女性リーダーの部下は
エンゲージメントレベルがより高い

パンデミック下に感じたエンゲージメントに関して、部下への質問の回答に基づいている。

リーダーの性別による従業員エンゲージメントスコア

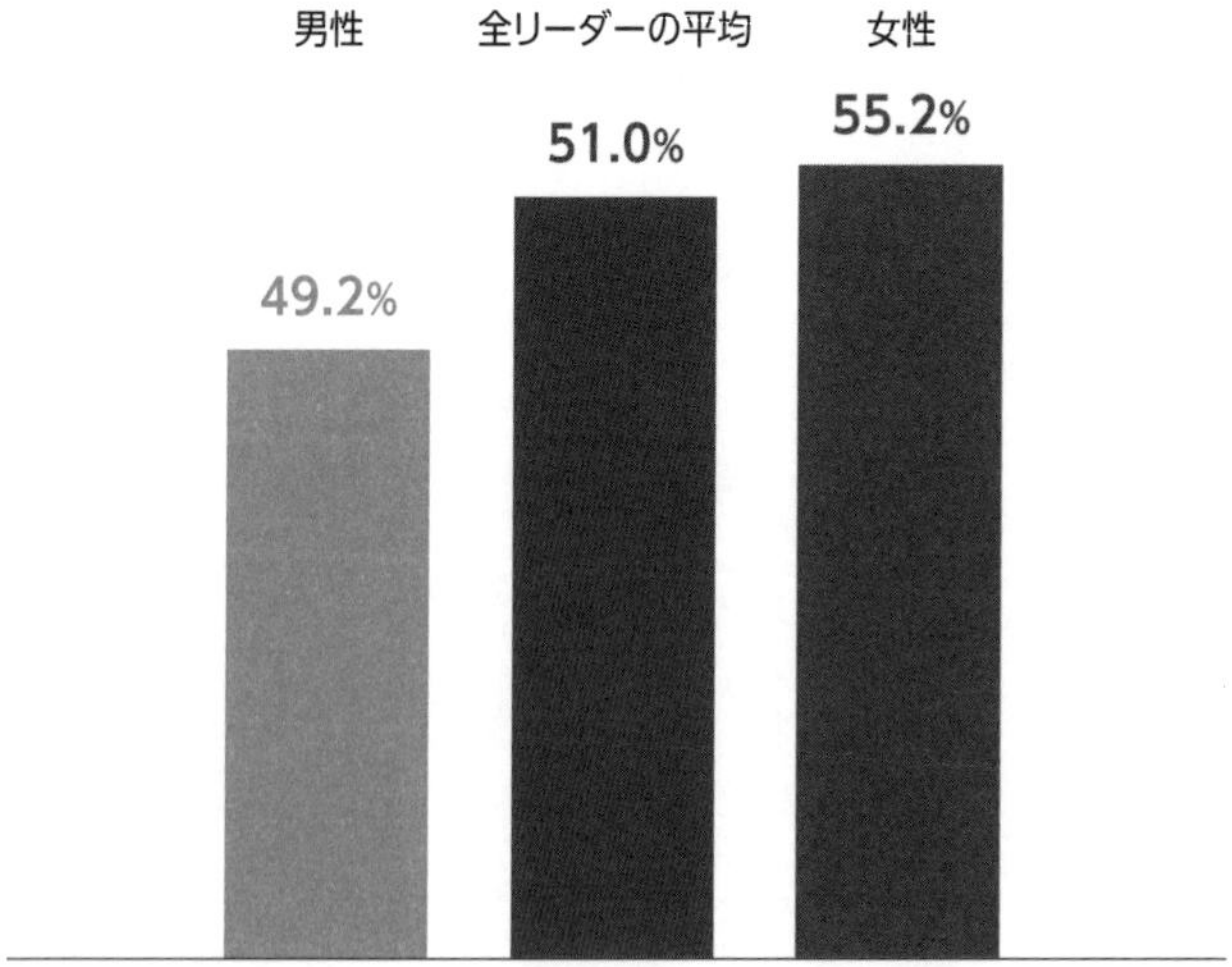

出所：ゼンガー・フォークマン(2020) DIAMOND Harbard Business Review「女性は危機下で男性よりも優れたリーダーシップを発揮する」をもとに作成

〈部下がリーダーに求める人物像〉

・必要に応じて柔軟に方向転換できるリーダー
・困難な時も育成を重視するリーダー
・誠実で正直なリーダー
・ストレスや不安に敏感かつ理解できるリーダー

リーダーに求めるのは思いやりとコミュニケーションスキル

同時に、リーダーとして重要と思うスキルや能力を問うと

「力強く頻繁なコミュニケーション能力」
「協働とチームワーク」
「良好な人間関係の構築」

などの対人スキルを重視していることがわかりました。そして女性リーダーは総じてそ

れらのスキルが高いことがわかりました。

まさか女性たちにこんなにもリーダーの資質が眠っていただなんて……

そう思われた方も多いのではないでしょうか？

自信がないからこそ積極的にアドバイスを受け入れられる

では、なぜ女性たちにもこんなにも能力が眠っていることに気づけなかったのでしょうか？

その要因の一つは、女性の自信のなさが起因しているかもしれません。

第2章でもお伝えしましたが、日本人は世界と比べて自信がない人が70％、国内の男女比を見たとき、**特に若い女性は自信がない人が多い傾向**であることがわかりました。

図19：自信に関する女性の自己評価は、40代の半ばまでは男性より低い

2016年から収集した男性3876人と女性4779人のデータによると、女性の自身の伸び幅は男性の3倍。ただしこれは、キャリアの初期に大きな差があるからにすぎない。

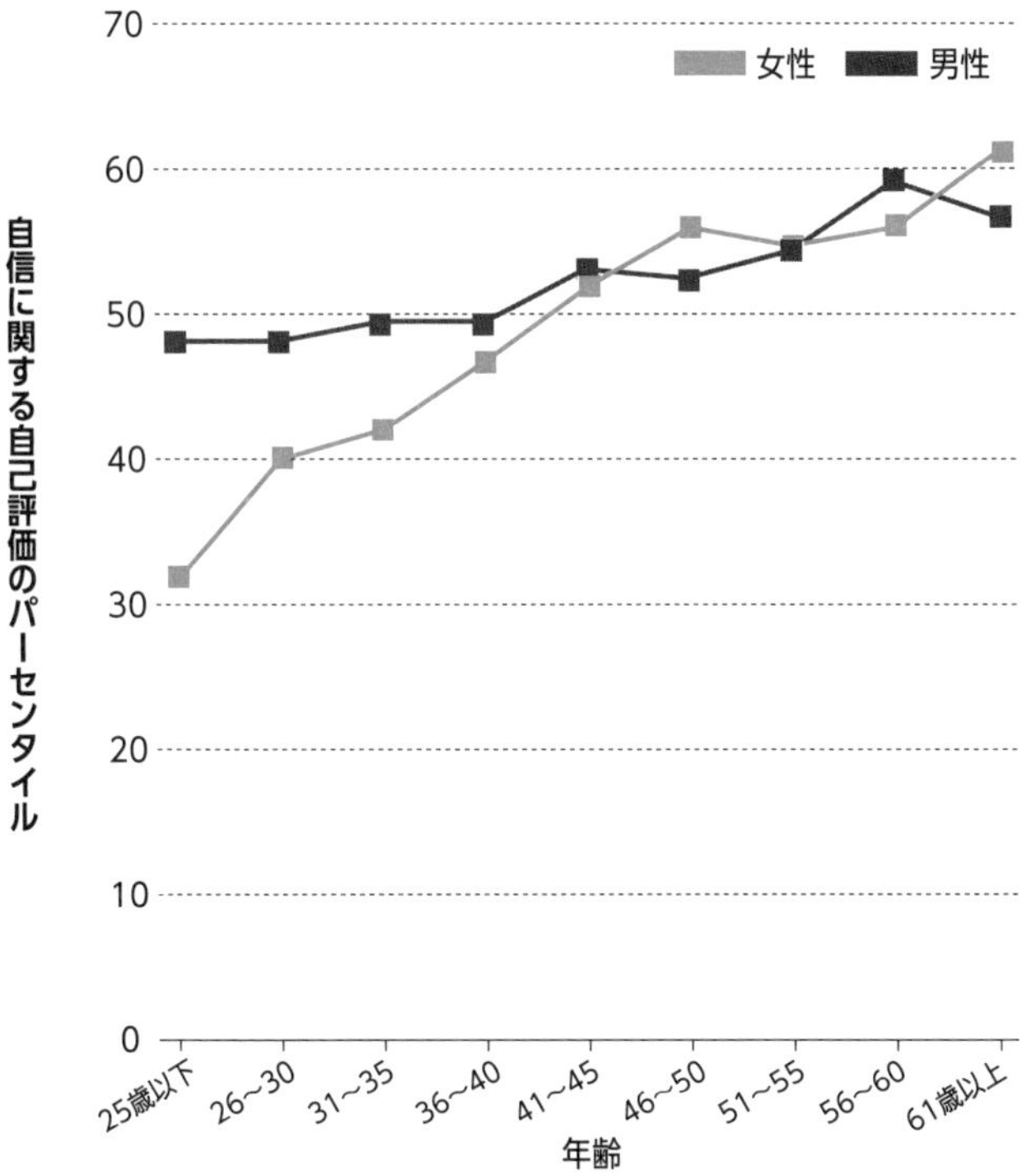

出所：ゼンガー・フォークマン(2019)　©HBR.ORG DIAMOND Harbard Business Review「女性のリーダーシップ能力は総じて男性よりも高い」をもとに作成

しかし女性たちはリーダーになった当初、**自信がないからこそ積極的に先輩にアドバイスを受けようとしたり、現場をもっと理解しようとするなど、リーダーとしてのスキルを上げるなど『自己成長』に貪欲な傾向があるようです。**

『不安だからこそ学びたい。知っておきたい』と部下や現場のリアルな声をできるだけ反映させようとしたり、積極的に先輩や上司にアドバイスをもらおうとする素直な姿勢やフィードバックをもっと受け入れようとする意欲にも繋がっている可能性があります。

そしてそういった経験を長期的に積み重ねることが**リーダーとしての有能性を高め、『自信』や自己評価を高めることにも繋がっているようです。**

図20：女性の自己評価はキャリアの後半に高まり、
男性の自己評価は次第に低下する

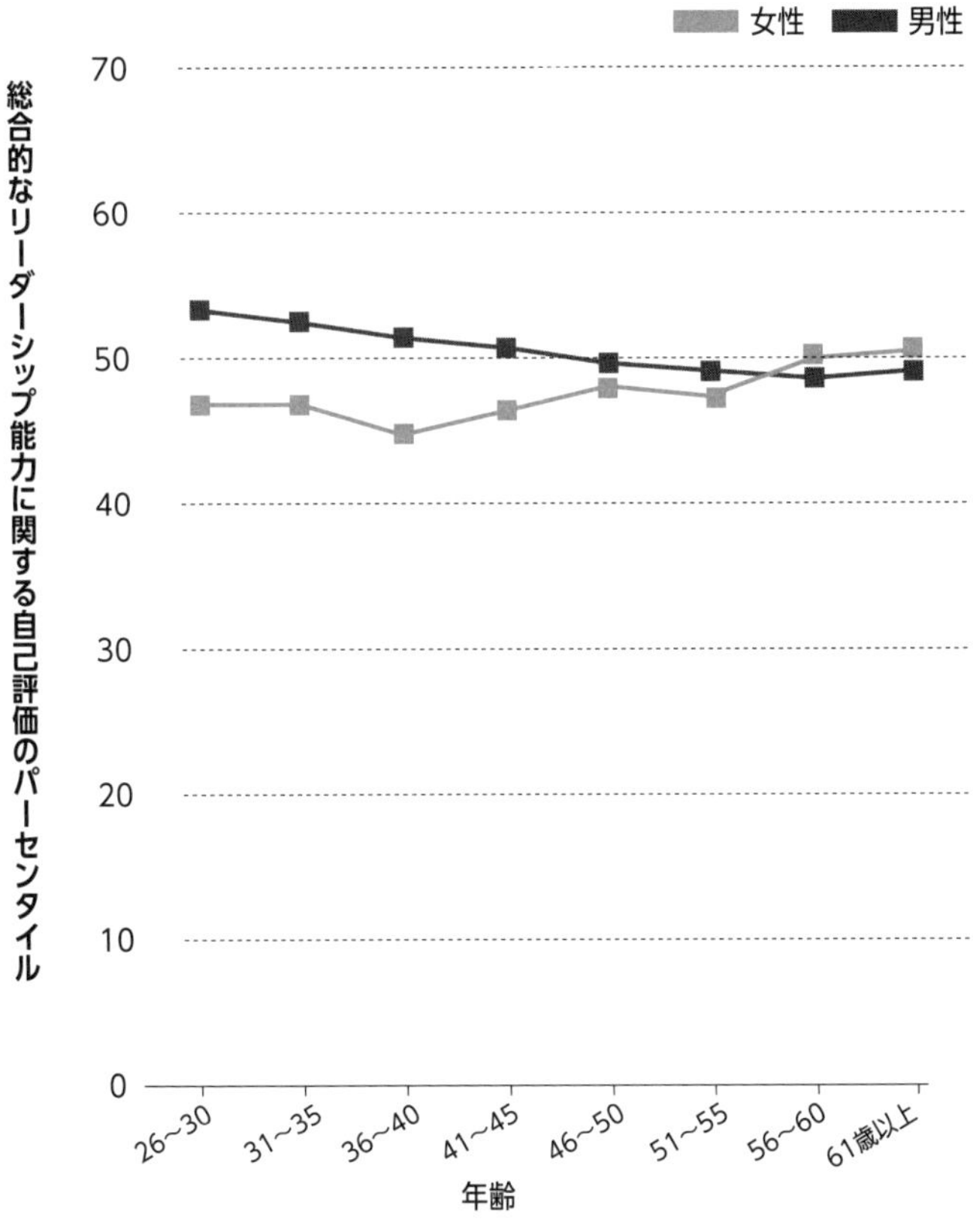

注：男性4万184人、女性2万2600人のデータに基づく。
出所：ゼンガー・フォークマン(2019)　©HBR.ORG DIAMOND Harbard Business Review
「女性のリーダーシップ能力は総じて男性よりも高い」をもとに作成

女性も経験を積めば出世欲が高まる

P151の図をご覧ください。

総合的なリーダーシップ能力に関する女性の自己評価は、年齢を重ねるにつれてスコアが上がっていく傾向があることがわかります。

日本の女性は若い頃は自分を低く評価する傾向があるようですが、様々な経験を経て、年齢を重ねるにつれて自信が上昇しており最終的には男性よりも高くなっています。

よく女性活躍を進める中で女性自身が出世を望まないという話が出てきますが、実はきちんと経験を積み、自信が高まることで女性たちも男性同様に昇進したい意欲が向上するのです。

ただし、結婚や出産などのライフイベントによるワークライフバランスの変化が著しい20~40代は、意欲はあっても家庭や育児などのバランスを鑑みて、昇進を控える傾向があるのも事実です。

しかし、もしも女性たちにいずれ昇進してほしい、と思うのであれば、小さなプロジェクトや役割でよいのでできるだけ女性たちにもリーダーとしての経験を積ませてあげることをお勧めします。

きっと、もっと頑張りたい！

という気持ちになる女性たちも出てくるはずです。

いかがでしょうか？

『リーダーは男性の方が向いている。』または『女性活躍』は女性優遇と思われていた方においては、目からウロコのお話だったかもしれません。

また、現在日本では未だあまり活かされていない、女性たちのポテンシャル、特に自信が持てずにいる**若い女性たちの中に眠っている力を引き出すことが、組織にとって大きな**

成長の可能性があることを少しご理解いただけましたか？

組織の中で、もっと女性たちにもリーダーとしての小さな経験をコツコツと積み上げてもらうことによって、これまで想像もしていなかったような成長、発展が生み出せる可能性があると思うとワクワクしますね。

優秀な若い世代に選ばれる組織へ

さて、組織にとって最も重要なのは人財の確保です。

いかに優秀な人材を確保できるかはその企業や組織の命運を分けるほど重要なことであることは間違いありません。

今後、優秀な人材を確保したい組織の皆様が真っ先に取り組むべきことは『仕事と私生活の充実を両立できる仕組みづくり』です。

実は女性活躍や男女共同参画が進むことによって、結婚や出産、病気や介護といった誰にでも起こりうる人生のライフイベントに寄り添うフレキシブルな働き方や、男女の育休などの制度構築などが加速して、仕事も家庭も充実させたいと望む、現在の若い世代の理想のワークライフバランスの実現に近づく私生活環境が整うなど結果としてリクルート対策にも効果的になることが期待されています。

男性も家事や育児に関わりたい！

第3章でもご紹介した通り、若い世代の男女の多くが、結婚後も共働きを希望しており、会社と家庭の両立ができる環境を望んでいます。

また、男性の中にも、「もっと家事や育児に関わりたい」と考える人が増えており、**男性の育休の取得率などが、会社選びの指標の一つ**とされているなど結婚、出産、介護など仕事と家庭の両立ができるフレキシブルな環境や、ワークライフバランスの実現は、女性だけでなく男性にとっても重要な意味を持ってきました。

図21：国の行政機関の指定職相当　女性割合

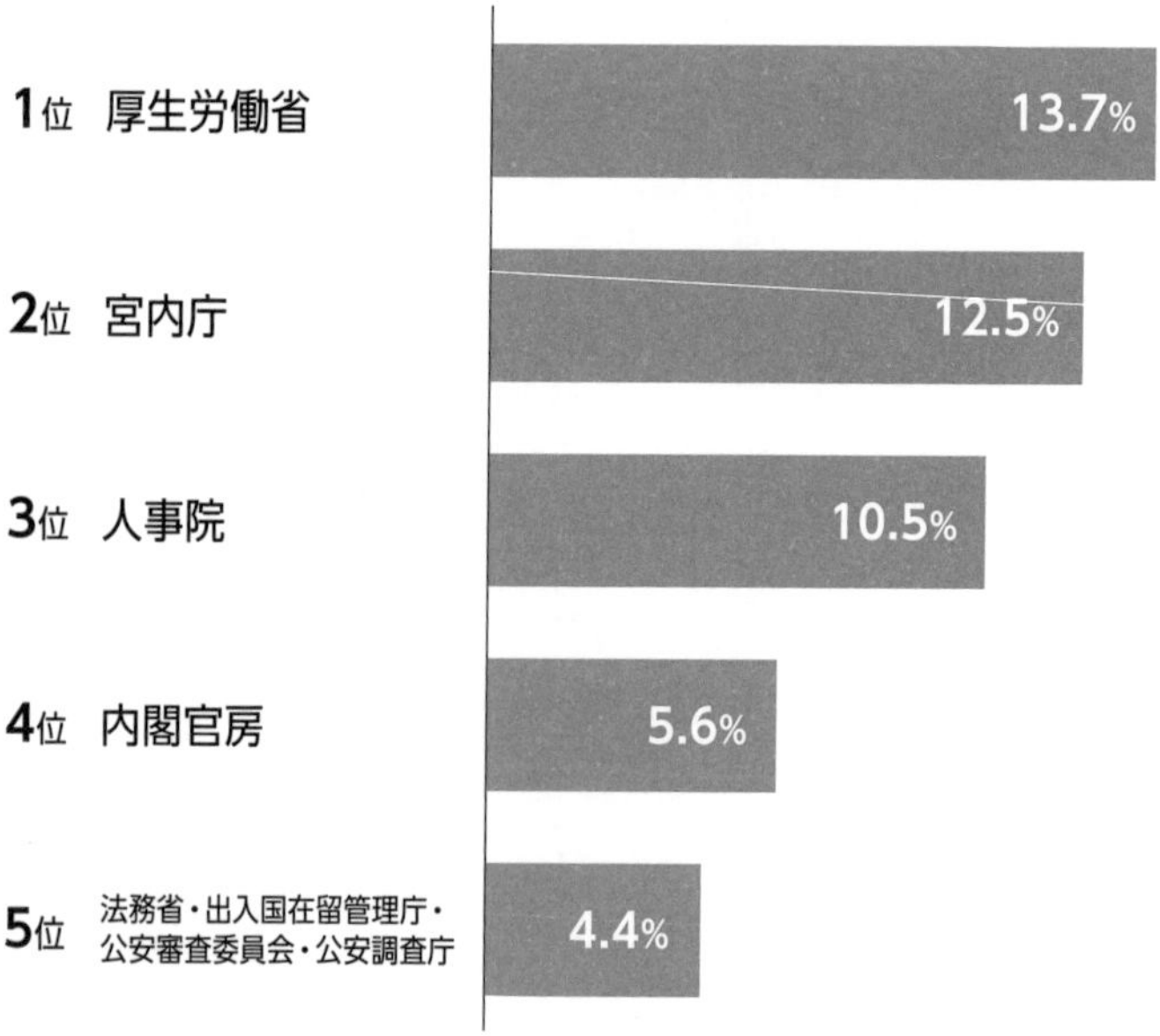

※職員全体における指定職相当 女性割合を算出している14団体中の上位5団体
※全団体を比較したものではありません。

出所：内閣府 男女共同参画局「国の行政機関の指定職相当 女性割合ランキング」をもとに作成

図22：女性管理職比率の分布状況

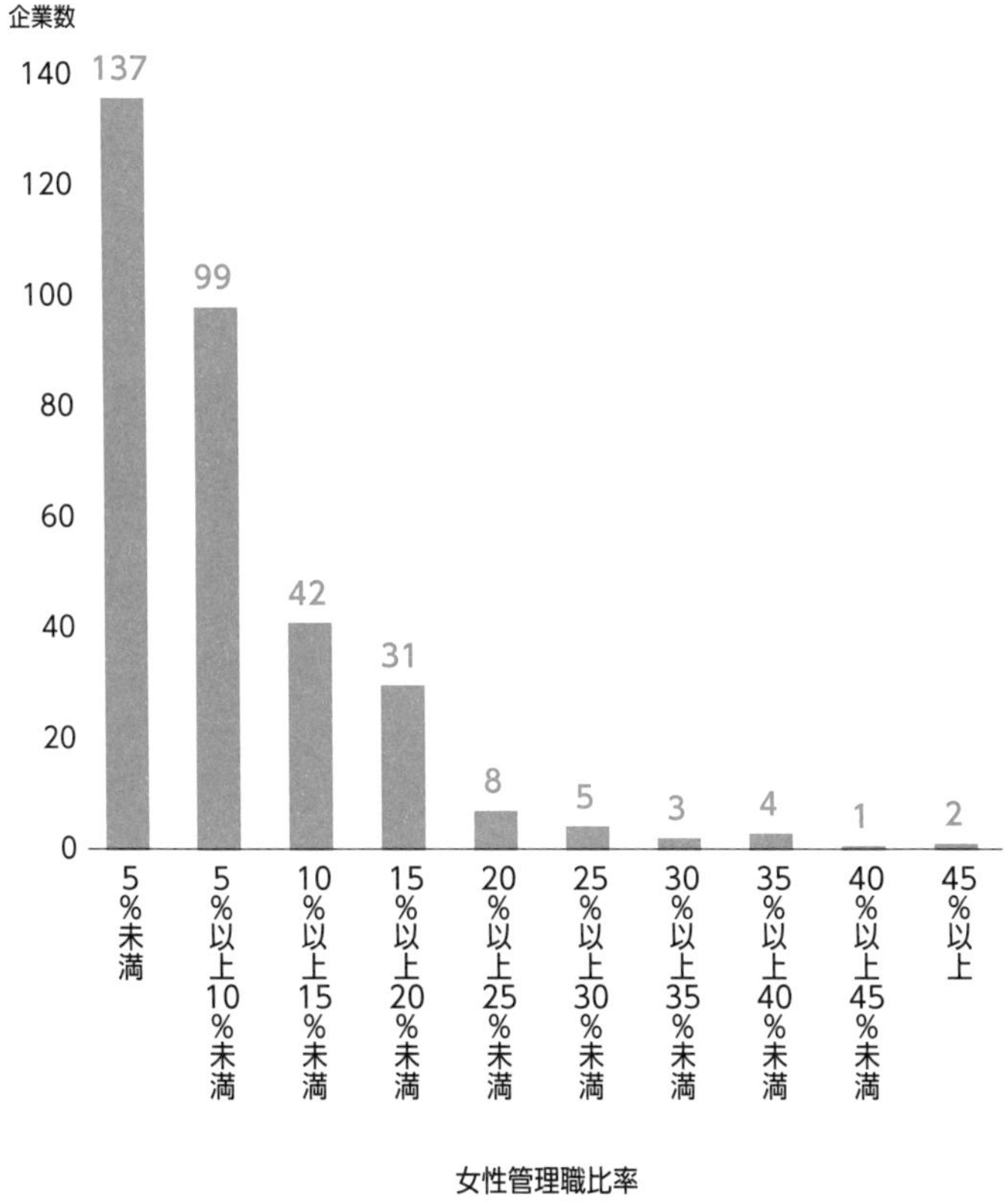

出所：パーソナル総合研究所「女性管理職比率の分布状況」をもとに作成

しかし、現状の日本の中小企業や組織においては、まだまだZ世代などの若い世代や、子育て世代の男女が望むワークライフバランスに対応する社内環境整備などが、しっかり進んでいる企業は少ないのが現状です。

そんな中で、**共感力や対人スキルが高い女性たちが経営や、組織づくりにその力を発揮することで**、女性、若い世代、シニア、外国人など多様な人たちの立場に立って誰もが働きやすい環境へと変革を加速させてくれることが期待されています。

日本と世界が目指す新時代

さて、最後にあと1点、女性活躍を推し進めることによって期待される効果をご紹介したいと思います。

実は女性の活躍社会が実現することにより、第2章でもお伝えした**日本や世界が目指す心身ともに満たされた状態、ウェルビーイング社会、幸福感と笑顔溢れる新時代の実現にも繋がっていく**とされています。

これは、仕組みや制度といったハード面だけではなく、やりがいや生きがい、感謝など人の心や、内面的な部分に影響する効果です。

日本に女性活躍が進まない4つの背景

しかし、残念ながら現在の働く女性たちにとっては、今のままの環境では心身ともに負担が大きく、これ以上に活躍することが難しいとされています。

では、なぜ日本では女性の活躍がなかなか進まないのでしょうか？

日本の女性活躍、そして男女共同参画が進んでいない理由には4つの背景があるとされています。

①女性たちが昇進を望まない

●ワークライフバランス（仕事と生活の調和）の不安
●仕事と家事や育児、介護等の両立を支える制度の整備が不十分
●育児休暇や有給制度など、男女とも利用しやすい組織風土が整っていない

②女性がキャリア形成に不安を抱えている

●キャリア形成支援の機会の少なさ（教育・キャリアパスの不明確さ）
※キャリアパス……キャリアを積み重ねていくために必要な過程や基準など
●ロールモデルとなる人が不足・イメージが湧かない

●能力を活かして活躍できる場が少ない
●メンターがいない

③ガラスの天井・アンコンシャスバイアス（無意識の偏見）

●日本では「夫は外で働き、妻は家庭を守るもの」
●リーダーは男性の方が向いていると思う
●育児中の女性に管理職は無理と思ってしまう
●お茶出しは女性がやるもの、など

日本に根深く残る、男女による無意識の固定的性別役割分担意識が、女性の役員登用や昇進の機会などを阻んでいるといわれています。

これは男性だけではなく女性側にもいえることです。

そのため、男女ともにマインドセット、意識変革が必要とされています。

④ダイバーシティやジェンダーレスの誤認

ダイバーシティ、ジェンダーレス、ジェンダーフリーといったキーワードの本来の意味を誤認している人が多く、議論が進まなくなり頓挫する。

例えば女性活躍の必要性の話が出ると、今はもう、ダイバーシティやジェンダーレスの時代なんだから、『女性』という言葉自体が差別、だから女性活躍を推進するのはやめました。といった具合です。

『男女共同参画』とは？現在の日本は『男性優遇社会』

また、女性活躍社会や男女共同参画推進の話をしていると『でも女性活躍は女性を優遇しよう、ということですよね。それって平等じゃないんじゃないですか？』という方がおられますが、皆様は、現在の日本が『男性優遇社会』なのをご存知でしょうか？

今から20年以上前、1999年に交付された「男女共同参画社会基本法」の中では、日本が今後、目指すべき社会を次のように定義しています。

男女が《社会の対等な構成員として、自らの意思によって社会のあらゆる分野における活動に参画する機会が確保され、もって男女が均等に政治的、経済的、社会的及び文化的利益を享受することができ、かつ、共に責任を担うべき社会》

つまり、裏をかえせば、現在の日本は政治や経済、社会、文化といった分野で、男女が公平に自分の意思で活動するチャンス、メリットを与えられていないということになります。

『え、そうなの？』と驚かれた方もおられるかもしれません。

実は現在の日本は世界的に見て政治、経済など様々な分野において『男性優遇社会』、つまりジェンダーギャップ（男女の格差）が大きい国です。

「ジェンダーギャップ」とは、男女の違いによって生じる格差のことをいい、現在日本は、政治と経済分野においてのジェンダーギャップ指数が、『先進主要国で最下位』となっています。

具体的には、女性というだけで、社会のあらゆる場面において活躍のチャンスが公平に与えられなかったり、給与や待遇が男性よりも低いなどです。

また、左の図をごらんください。職場で「男性格差はあるか」という問いに対して、男性も女性も約60％の人たちが「ある」と答えました。

逆に「ほぼない」と答えた人もいずれも10％程度でした。

図23：雇用機会や賃金の格差問題

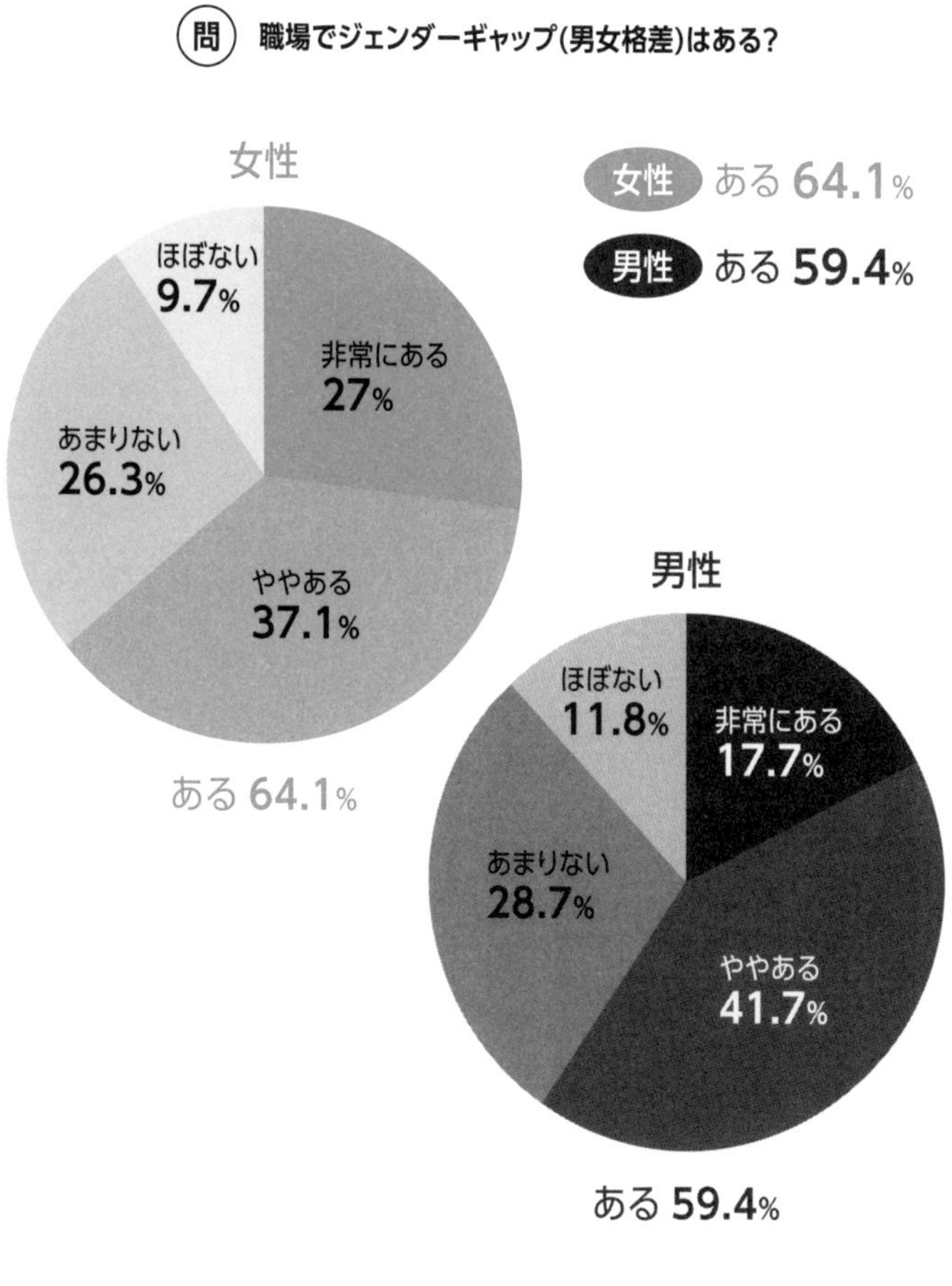

出所：©2022 Aile Inc.「女の転職type」をもとに作成

図24：女性の就業率

		平成14年(2002)	平成24年(2012)	令和4年(2022)
25〜34歳	就業率	61.2%	69.1%	81.4%
	非正規雇用割合	36.7%	40.9%	31.4%
35〜44歳	就業率	63.0%	66.7%	78.4%
	非正規雇用割合	52.6%	53.8%	48.4%
45〜54歳	就業率	67.3%	72.2%	79.8%
	非正規雇用割合	54.7%	58.4%	54.9%

出所：©2022 Aile Inc.「令和4年度 新しいライフスタイル、新しい働き方を踏まえた男女共同参画推進に関する調査」（令和4年度内閣府委託調査）をもとに作成

図25：日本の労働人口

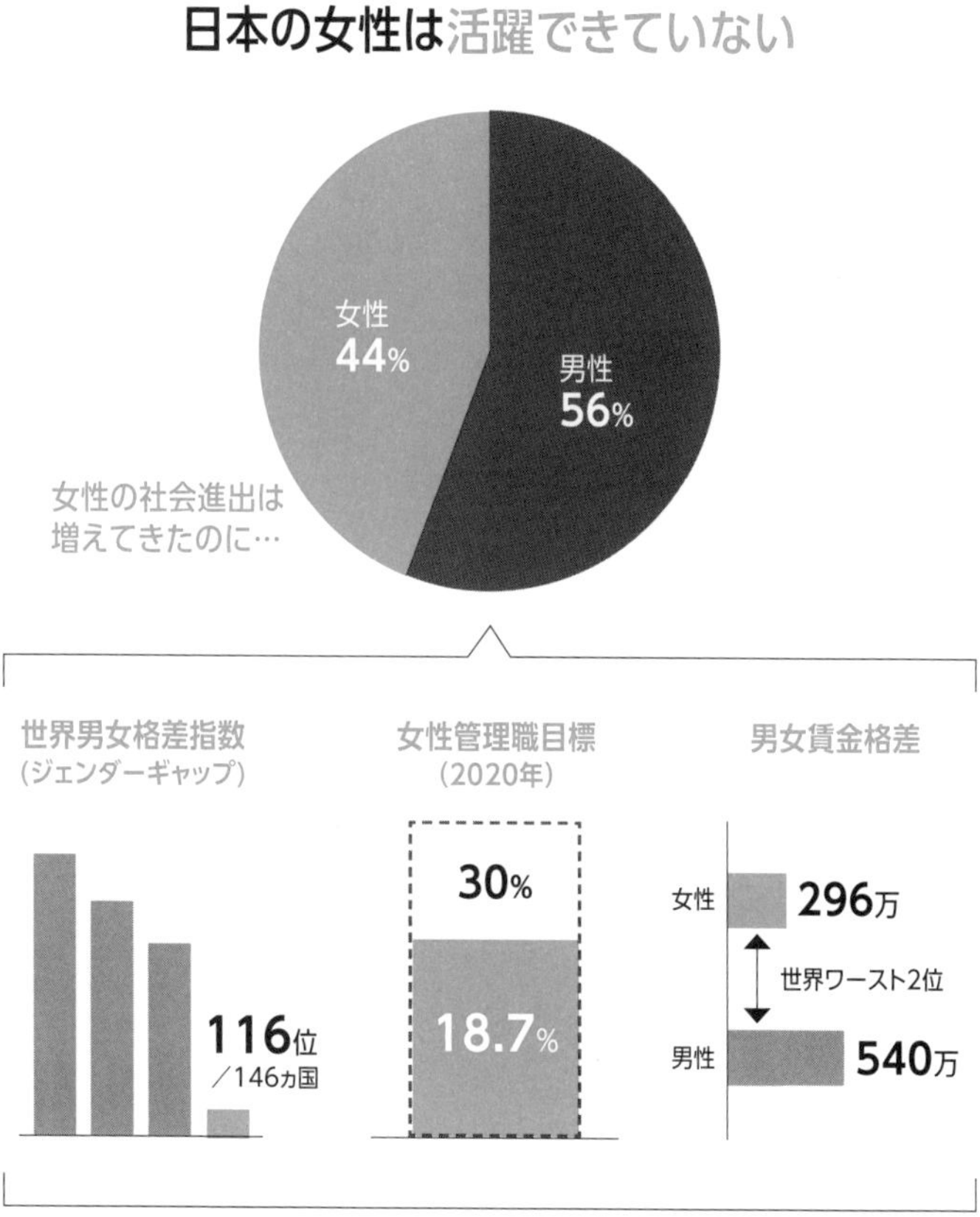

出所：©2022 Aile Inc.

日本や世界の国で男性優遇社会が残っている原因

現在、**男性優遇社会**の国は日本だけではありません。世界の国々もジェンダーギャップを埋めるための活動を進めていますが、なかなか変わらない原因について、男女共同参画局のＨＰで紹介されています。

《男性優遇社会が根強い6つの理由》

①男女の役割分担についての社会通念・慣習・しきたりなどが根強いから
②女性が能力を発揮できる環境や機会が十分ではないから
③育児、介護などを男女が共に担うための制度やサービスなどが整備されていないから
④能力を発揮している女性を適正に評価する仕組みが欠けている

⑤男女の差別を人権の問題としてとらえる意識が薄いから
⑥専業主婦に有利な税制や社会保障制度などが男女の役割分担を助長しているから

各国とも「男女の役割分担についての社会通念・慣習・しきたりなどが根強いから」の割合が最も高く、日本は「仕事優先、企業中心の考え方が根強いから」を挙げた割合が高い結果でした。

また、アメリカ、スウェーデンでは「育児、介護など、制度やサービスなどが整備されていないから」を挙げた割合がそれぞれ高くなっています。

また、ドイツでは「男性の問題意識がうすいから」を挙げた割合が高いようです。

そういった様々な課題はあるものの、世界各国では、ジェンダーによる差別のない、社会実現に向けて様々な施策を進めているわけですが、日本の現状は年々、ギャップを埋めていく世界に対して大きく取り残されているのが実情です。

図26：男性の方が優遇されている原因（日本）

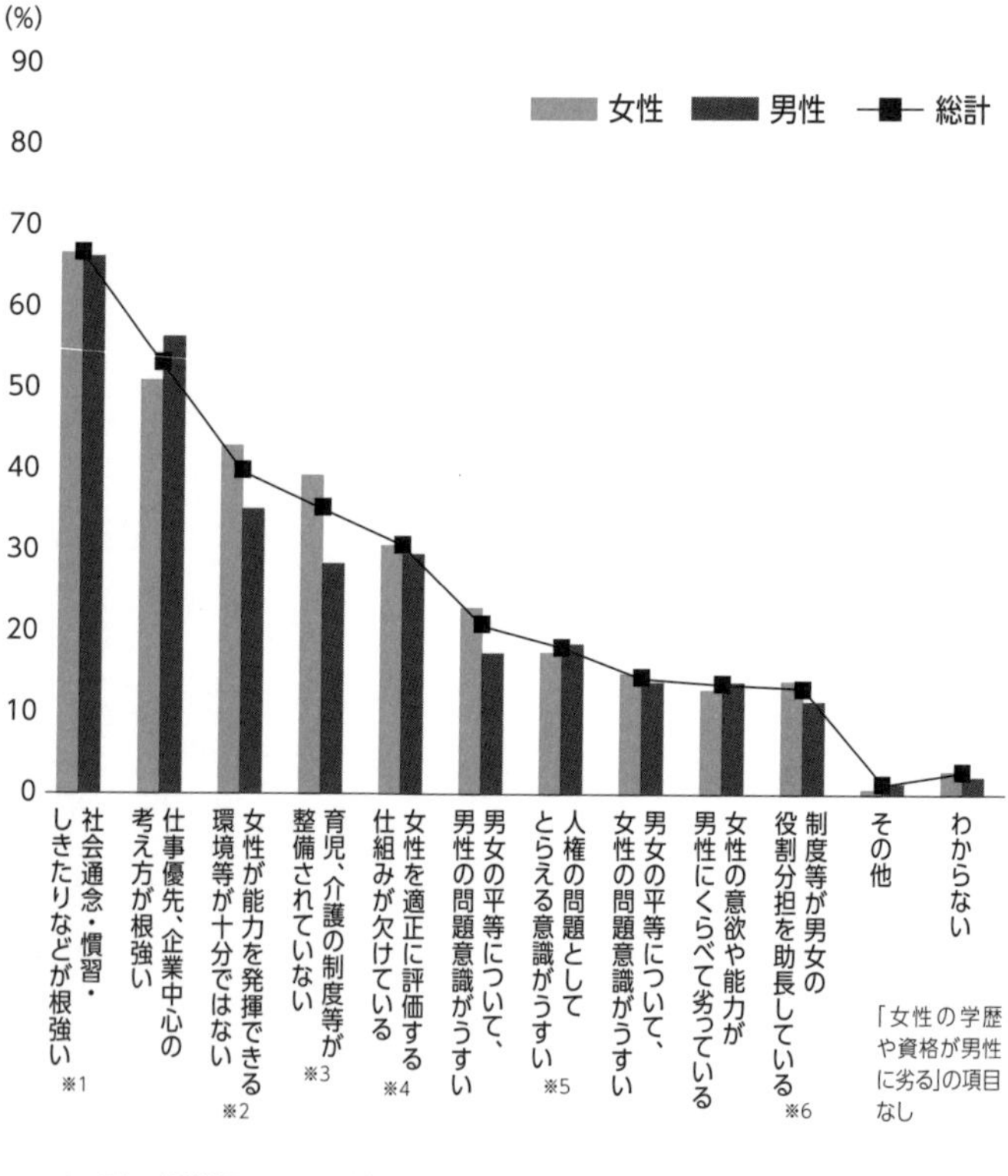

※1　男女の役割分担についての社会通念・慣習・しきたりなどが根強いから
※2　女性が能力を発揮できる環境や機械が十分ではないから
※3　育児、介護などを男女が共に担うための制度やサービスなどが整備されていないから
※4　能力を発揮している女性を適正に評価する仕組みが欠けているから
※5　男女の差別を人権の問題としてとらえる意識がうすいから
※6　専業主婦に有利な税制や社会保障制度などが男女の役割分担を助長しているから

出所：内閣府 男女共同参画局「男女共同参画に関する4カ国意識調査（日本、アメリカ、スウェーデン、ドイツ）」をもとに作成

図27：男性の方が優遇されている原因（アメリカ）

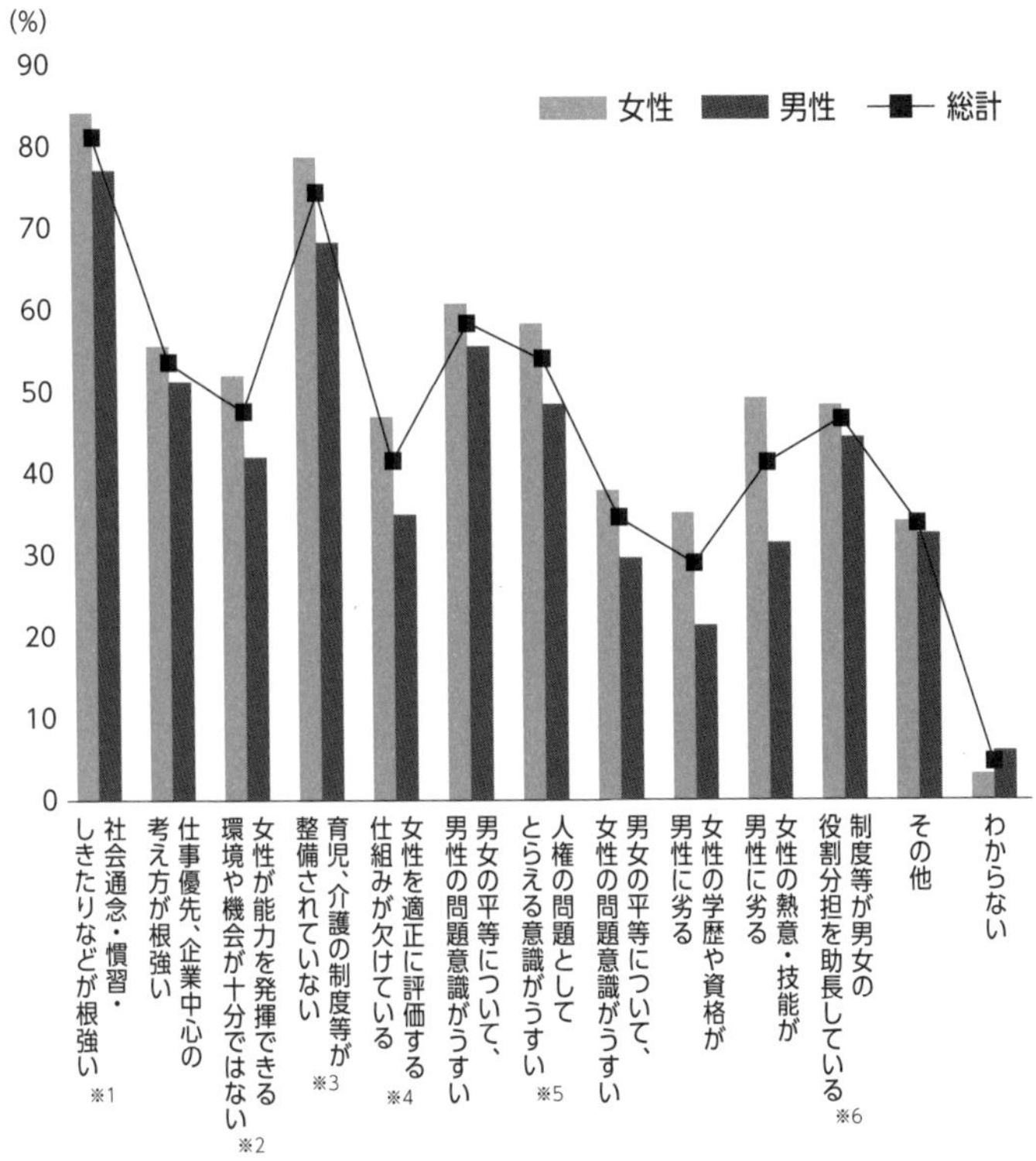

※1　男女の役割分担についての社会通念・慣習・しきたりなどが根強いから
※2　女性が能力を発揮できる環境や機械が十分ではないから
※3　育児、介護などを男女が共に担うための制度やサービスなどが整備されていないから
※4　能力を発揮している女性を適正に評価する仕組みが欠けているから
※5　男女の差別を人権の問題としてとらえる意識がうすいから
※6　専業主婦に有利な税制や社会保障制度などが男女の役割分担を助長しているから

出所：内閣府 男女共同参画局「男女共同参画に関する4カ国意識調査（日本、アメリカ、スウェーデン、ドイツ）」をもとに作成

男女共同参画はDE&I SDGs目標5のジェンダー平等の実現

さて、ここで「男女共同参画」についても触れておきましょう。

男女共同参画社会とは、男性女性に関わらず誰もが公平に参画できる社会のことです。

これは、日本と世界が目指している社会、DE&Iダイバーシティー&インクルージョン（多様な人材を受け入れ、その能力を発揮させて包摂する新しい社会）&エクイティ（公平性）が実現した社会であり、SDGs（持続可能な開発目標）の目標5「ジェンダー平等を実現しよう」にも繋がります。

しかし、現在日本ではまだまだ、**家事や育児は女性が行うべきであるなどの根深い性別による固定的役割分担意識や、リーダーは男性の方が向いている、女性が男性より上に立**

つこと自体に抵抗があるなど、アンコンシャスバイアス（無意識の偏見）も働いてか政治や経済分野においての女性の管理職や意思決定層にはなかなか女性が増えず、給料や待遇などの男女格差は先進主要国最下位の状況です。

そこで、日本政府は「男女共同参画社会基本法」を設立し政治、経済、社会、文化面など、あらゆる分野で性別による差別がなく参画でき性別に関係なく、一人ひとりが尊重されて、自分らしく活躍できる男女共同参画社会の実現を国を挙げて推進しており、その実現のためのポジティブアクションとして以下などを掲げています。

◇管理職や、意思決定層に女性を増やし変革を促す
（男性社会に女性の参画を推進）
◇性別にとらわれない教育を行う（固定的偏見をなくす）
◇ＤＶ、性暴力についての理解、認知を上げる（ＤＶや性暴力の撲滅）
◇国際社会の中での日本の立ち位置を向上させる

女性活躍と男女共同参画の違い

そして、ここで改めて、「男女共同参画」と「女性活躍」の違いについても整理しておきましょう。

前述しましたように、『女性活躍』社会の実現とは、今後ますます加速する少子高齢化社会において社会の担い手として停滞している日本経済社会に成長とイノベーションを創出する起爆剤として、多様な女性たちの持つ個性や共感力、リーダーシップを活かしてジェンダーや、年齢、国籍などに関わらず、誰もがイキイキとやりがいを持って働くことができる新しい社会、理想のワークライフバランスを実現するための社内整備などの文化的発展など、イノベーション創出や成長の可能性を秘めた成長戦略であり、『**働きたい意志を持った女性たちが家庭と仕事を両立させもっと活躍できる会社や社会環境をつくること**』が目的であるとお伝えしました。

それに対して、『男女共同参画』とは、**政治、経済、社会、文化面など、あらゆる分野で性別による差別なく参画でき、性別に関係なく一人ひとりが尊重されて自分らしく活躍できる男女共同参画社会**を実現することを目指しています。

つまり、シンプルに要約しますと

〈女性活躍〉とは
『働きたい意志をもった女性たちが、もっと活躍できる環境をつくるための社会づくり』

〈男女共同参画〉とは
『あらゆる分野で『性別による差別をなくした公平な社会の実現』

ということになります。

似た言葉ではありますが、それぞれ目的が違うということをご理解いただけましたでしょうか？

女性活躍社会の実現のためにも男女共同参画が重要

さて、みんなが混乱しがちな「女性活躍」と「男女共同参画」の違いはご理解いただけたかと思います。

しかし、実は、この2つのキーワードには重要な関係性があります。

実は、『女性活躍社会を実現』するためには『男女共同参画』の推進が重要なのです。

なぜなら、日本の女性活躍社会実現のためには女性たちがもっと働きやすい制度を整えたり、個性や能力を十分に発揮できる環境を創出したりと新時代の組織へと変革してく必要がありますが、現状、日本はまだまだ「男性社会」であり、

男性たちだけで、働く女性たちが本当に求めていることや働きやすい環境を考えるということ自体、非常に難しく、『こんな感じ？』といった具合に想像の域を超えられずに思うような成果を出せていない組織が多いのが実情です。

逆も然りで、女性だけでは男性の本当に求めていることや困っていることを分かれといわれてもなかなか難しいでしょう。

そこで、**男女共同参画、つまり当事者である女性たちが、現在の男性社会の中の特に、政治、経済分野の管理職や意思決定層などにしっかりと参画する**ことで、

当事者視点がしっかりと組み込まれて、女性たちにとっても働きやすい制度や環境構築が加速するといわれています。

女性の活躍推進は誰もが笑顔になる社会変革プロジェクト

さて、ここまで読んでいただければ、「女性活躍」は決して女性のためだけの取り組みではなく、皆様の未来や日本全体のために必要な社会変革プロジェクトであることがおわかりいただけたのではないでしょうか。

男性と共に今後の日本の経済社会を支える担い手として、また、停滞している日本の経済成長と発展の起爆剤として。

そして、全ての人たちが仕事もプライベートも充実させることができる笑顔溢れる新時代をつくるために欠かせない、社会変革プロジェクトであることをご理解いただけましたなら幸いです。

世界一ジェンダーギャップが小さい国アイスランドの取り組み

最後に、世界で最も男女格差のない、ジェンダー平等が進んでいる国、それも14年連続で1位にランクしているアイスランドのダイバーシティや女性活躍の取り組みについてご紹介しましょう。

実は、現在ジェンダーギャップが世界一少ない国とされているアイスランドも、以前は男性優位でジェンダーギャップが多い国でした。

転換点となったのは1975年10月24日、職場での男女の格差や、性別による役割分担に抗議するため、9割以上の女性が仕事も家事も放棄して初めてのストライキを行ったことで、職場や家庭の機能が麻痺し、女性の存在の大きさを改めて社会に示すことになりました。

そして今では「女性の休日」と呼ばれるこの日を、境にアイスランドのジェンダー平等は大きく進展していきます。

『いつか自然に変わる』のではなく『変えるから変わる』

アイスランドでは女性たちによる大規模なストライキが行われた翌1976年に「ジェンダー平等法」が制定されました。

また、1980年には、世界で初めて民主的に選出された女性大統領ヴィグディス・フィンボガドゥティル氏が誕生します。

その後、現在の日本が男女共同参画の活動をもって是正しようとしているジェンダーギャップ、つまりあらゆる分野において女性の参画の機会の提供や賃金格差や固定的性別役割分担の是正に取り組み続け、2010年に導入された「クオータ制」によって、ジェンダー平等はさらに大きく前進しました。

クオータ制で女性リーダーが当たり前の社会をつくる

クオータ制とは、組織の中で構造的差別を防ぐことを目的とした仕組みです。

具体的には、人種や民族、宗教、性別などを基準として、組織や企業では役員、政治では議員、閣僚などの一定人数を、現在、社会的・構造的に不利益を受けている人に割り当てる制度のことをいい、2020年現在118もの国（内閣府男女共同参画局2020年報告書）で導入されています。

アイスランドのクオータ制では、企業の役員会や公共の委員会はメンバーの40％以上を女性とすることを定めています。

ちなみに、**男性も40％を下回ってはダメです。**

男女が共に意思決定の場にバランスよく参画することが大切です。

こういった地道な取り組みが実を結び、現在アイスランドでは企業の役員だけでなく、国会議員の4割近くが女性となり、当たり前に誰もが公平に尊重され、活かされる社会が育まれて、世界上位の幸福度の高い国となり多くの笑顔を生み出しています。

もちろん、クオータ制ではなく能力で選ぶべき、という意見もあります。

しかし、前述したように、女性の能力が男性に劣っているわけではありません。

なのに、現在の日本の政治、経済分野が今も男性だらけなのはなぜでしょうか。

日本ではまだまだ、性別による固定的役割意識、無意識の偏見が根深く働いていることが多いとお伝えしました。

少子高齢化社会の今後の日本にとって、女性の活躍の実現が急務であると知りながらも30年経った今もなお男性社会の中で男性だけで人材を選び続けてきた結果、女性の参画が進まず男性だらけの組織になっている実情を鑑みると、本気で変革をするのならアイスランドのように、クォーター制を導入することも重要なのかもしれませんね。

一番大切なのはトップの強いリーダーシップ

組織の、日本の女性活躍を本気で進めるためにはどうすればよいのでしょうか?

最も重要なことは、そうなるのを待つのではなく、そうすることを決めることです。

日本人は勉強と検討が好きな国民です。

また、勉強と検討ばかりして肝心のアクションに移すのはとても遅いということもよく知られることです。

私の周りでも、「もっと勉強してから、もっと検討してから」といって、何年経っても行動に移さない人たちも大勢います。

いつまでも勉強だけしていても、何も変わりません。理想の未来は歩いてこないのです。自らが行動して創り上げ、育てていかなくてはなりません。

DE&I、女性活躍が成功している組織の特徴は、組織リーダーやトップの『やるんだ！』という強い意志や、コミットメントが発信されていることです。全てはここから始まります。

やる！と決めて、コミットし、行動する。とてもシンプルです。

やると決めたら、幹部や組織リーダーと共に学び、共通認識を持ってポジティブアクション、多くの先輩企業や組織が取り入れている仕組みを導入したり、先ほどご紹介したクオータ制を取り入れるなど、やれることはたくさんあります。

皆様の組織の持続可能で笑顔溢れる新時代を創るために、今こそ一歩を踏み出してみませんか？

"He who moves not forward, goes backward."
前進しなければ後退する (Johann Wolfgang von Goethe)
未来のために、立ち止まることなくChallengeしていきましょう！

～こうすればうまくいく！女性活躍推進の基本5STEP～

さて、本書を読んで女性活躍に取り組んでみよう！と思われた組織のトップやリーダーの皆様へまずは次の5つのSTEPを実行することをお勧めします。

STEP❶ まずはトップが「やる！」と宣言する

「自社もぜひ、ダイバーシティ経営や女性活躍を推進したい！」

図28：男女共同参画の推進ポイント

01

意思決定層に
女性を
増やしていく

02

性別に
とらわれないための
教育を行う

03

DV・性暴力に
ついての
理解・認知を上げる

04

女性視点が抜けている
ことでの生活の
しづらさを解消する

05

国際社会の中での
日本の立ち位置を
向上させる

そのために……

個人は「自分のバイアスを外す」
「違和感を覚えたら発信・対話をする」
企業は「公平な環境・評価基準を作る」
「トップが自ら学んで社内に発信する」ことが大事

出所：朝日新聞デジタル「男女共同参画社会の定義と推進のポイント」をもとに作成

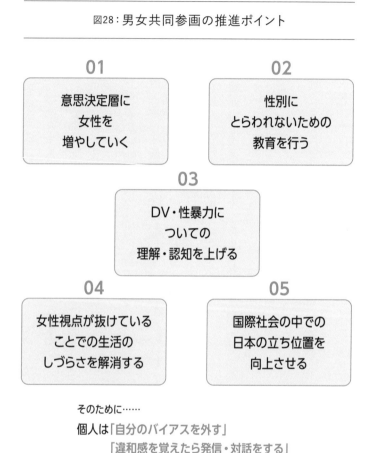

そう考えているトップが、まずは取り組むべきファーストステップは「やる！」と宣言することです。

トップがしっかり決意と覚悟を宣言することによって、最初は渋々な役員たちも少しずつ理解しようと努力してくれるはずです。

経営の中長期計画と同様に、試行錯誤しながら取り組み、成果が感じられるようになるには最低でも3年から5年、定着して文化になっていくにはもっと長い年月が必要です。

焦らずに、『長期的な目線でみんなと一緒に考え、共に作っていきたい』というトップの構想や想いを、まずはしっかりと伝えることが大切です。

〈POINT〉誰のため、何のための取り組み？

みんなの幸せのために必要であることを伝える

この時、大切なことは『少子高齢化社会の中で、持続可能な会社になるために、そして社員一人ひとりの人生をより豊かにするために、必要なポジティブアクションである』ということをしっかりと語ることです。

社員さんが誰のため、何のための取り組みなのかがよくわからないまま社長がやれとい

うから仕方なくやる。やらされている、という感覚になってしまっては、形だけ整えてもポジティブな取り組みにはなりません。

ですから、宣言する際には必ず「会社の今後の命運を分けるほど重要なことであり、全社員一人ひとりの将来に繋がる取り組みであること、そして社員さんご自身やご家族の未来を豊かに、幸せにするための取り組みでもある、新しい時代を共につくっていこう！」という思いを伝えることが大切です。

STEP❷ 自社の女性の活躍に関する状況把握・課題分析

次に、自社の女性活躍や人事全般の経営課題を抽出しましょう。

例えば、「ここ数年、結婚、妊娠による女性の離職者が多い」「そもそも女性が入社してこない」などです。

〈POINT〉

ここで重要なのは、女性を3割以上は交えて開催すること。

そして、男性の執行役員にも必ず議論に加わってもらうことです。やってはいけないことは、『当事者である女性だけのチーム』をつくって任せっきりにすることです。

「女性の皆さんの自由にしてくれていいよ。任せるから」

ちょっと聞くと、良さそうなコメントですがそれではなかなか上手くいきません。なぜなら、これまで女性活躍が進まなかった大きな要因の一つが、男性役員の理解のなさや、アンコンシャスバイアス（無意識の偏見）による抵抗感だったからです。議論や取り組みに参画し、実際に女性たちのリアルな声を聞いたりロールモデルを学んだり、課題解決に向かって一緒に考え、自らも行動することで本当の意味での理解が深まり、会社全体で取り組む社内文化へと発展していくのです。

ただ女性の声を聞いて、制度を作ることが目的ではありませんので、その点をしっかりとおさえておいていただきたいと思います。

〈よくある困りごと〉
社内に女性がいない

女性が職場にいなかったり少ない場合もありますよね。

そういう場合は、外部の女性にミーティングに加わってもらう形でもOKです！

この時大切なのは、必ず若い世代の女性を交えることです。なぜかというと、同じ女性であっても、年代によって求める環境や困っていること、ワークライフバランス、職場に求める価値観などが違うからです。

第3章でお伝えしたように、これからのキーパーソンは「今後の社会を支える若い世代」です。ですから、まずは若い世代のリアルな声を聞いてみてください。

きっと取り組むべき課題とヒントが見えてくるはずです。

STEP❸ ロールモデルをチェック！ 具体的に取り組みたい施策を検討

そしていよいよ、女性たちにとって働きやすい会社になるための理想的な体制や取り組みを検討してみましょう。

この時、男女共同参画局や日本商工会議所が公開している企業の成功事例やホームページなどを検索するなど、広くロールモデルを参考にするとよいでしょう。

女性活躍の好事例集

《女性の活躍加速のための取組好事例集》男女共同参画局

《Wのキセキ　女性が輝く職場づくり～取組事例集～》日本商工会議所

https://www.jcci.or.jp/sangyo2/20220907_Wnokiseki.pdf

STEP④　計画・実行（PDCAサイクルで3年間はトライアル期間）

いつまでに、何を取り組むのかや中長期の目標、役割分担などを決めたら実行に移しましょう。

例えば、ＰＤＣＡサイクルを活用して半期ごとに見直し、改善を繰り返します。

ポイントは焦らないこと。

事業のようにすぐに成果を求めてはいけません。

まずは5年間、新しい企業文化を育てるような気持ちで取り組んでいきましょう。

STEP❺ 検証・見直し

実行してみると、さらなる課題が見えてきたり、計画や具体策がうまく進まなかったりすることがあります。

成長には段階があり、年に1、2回、時期を決めて取り組みの検証・見直しを行いましょう。

どんな成果が出て、何がうまくいかなかったかをしっかりと分析し、進まなくなった原因や課題が見えてきたら、何を継続し何を変更するのかなどを調整、変更します。

このように、実際に取り組んでみることで新しいアイデアも浮かんでくるものです。

繰り返しますが、焦らなくても大丈夫。

この5つのステップをまずは取り組んでみましょう。

女性活躍の好事例集

さて、ここからは女性活躍推進のロールモデルや認定制度、補助金情報などをご紹介します。

ぜひご活用くださいね。

《女性の活躍加速のための取組好事例集》男女共同参画局

《女性が輝く職場づくり〜取組事例集〜》日本商工会議所

https://www.jcci.or.jp/sangyo2/20220907_Wnokiseki.pdf

企業ブランディングにも！厚生労働大臣の認定を目指そう

《えるぼし認定・プラチナえるぼし認定》

行動計画の策定・届出を行った企業のうち、女性の活躍に関する取組の実施状況が優良な企業については、申請により、厚生労働大臣の認定を受けることができます。

認定を受けた企業は、厚生労働大臣が定める認定マークを商品などに付することができます。この認定マークを活用することにより、女性の活躍が進んでいる企業として、企業イメージの向上や優秀な人材の確保に繋がるなどといったメリットがあります。

https://www.mhlw.go.jp/stf/seisakunitsuite/bunya/0000091025.html

《くるみん認定》

くるみん認定とは「子育てサポート企業」として、厚生労働大臣の認定を受けた証です。

次世代育成支援対策推進法に基づき、一般事業主行動計画を策定した企業のうち、計画に定めた目標を達成して一定の基準を満たした企業は、申請を行うことによって「子育てサポート企業」として、厚生労働大臣の認定(くるみん認定)を受けることができます。

また、認定企業は助成金を受けることができるなど、様々な支援メリットがあります。

https://www.mhlw.go.jp/stf/seisakunitsuite/bunya/kodomo/shokuba_kosodate/kurumin/index.html

補助金を活用しよう！

《育児休業給付金（厚生労働省）》

https://www.mhlw.go.jp/stf/seisakunitsuite/bunya/0000135090_00001.html

《両立支援等助成金（厚生労働省）》

仕事と家庭の両立支援や女性採用の促進・活躍推進の取り組みを行う企業に対して、国から支払われる助成金です。

https://www.mhlw.go.jp/stf/seisakunitsuite/bunya/kodomo/shokuba_kosodate/ryouritsu01/index.html

《地域女性活躍推進交付金（男女共同参画局）》

https://www.gender.go.jp/policy/chihou_renkei/kofukin/r05/index.html

《働き方改革推進支援助成金（厚生労働省）》

労働時間短縮・年休促進支援コース

生産性を向上させ、時間外労働の削減、年次有給休暇や特別休暇の促進に向けた環境整備に取り組む中小企業事業主の皆様を支援します。

https://www.mhlw.go.jp/stf/seisakunitsuite/bunya/0000120692.html

《くるみん助成金（こども家庭庁所管助成事業）》

くるみん助成金は、中小企業の子ども・子育て支援環境整備事業の一環として、くるみん認定取得企業の育児休業や子育て支援時の職員給与や手当、備品等を助成します（50万円／補助率規定なし）

※年度によって異なりますのでご確認ください。

相談窓口を活用しよう

《女性活躍推進アドバイザーによるサポート窓口（厚生労働省）》

（中小企業のための女性活躍推進事業）

女性活躍推進分野における企業支援の専門家として、女性活躍の状況（採用・継続就業・管理職割合など）把握や、課題分析、達成すべき目標の設定などについて、電話・メールや訪問等により、個別にきめ細やかに支援します。

（常時雇用する労働者数が３００人以下の中小企業が対象です。）

《「えるぼし」認定取得等に関する相談（厚生労働省）》

雇用環境・均等部（室）

女性活躍推進法に基づく一般事業主行動計画の策定

https://www.mhlw.go.jp/stf/seisakunitsuite/bunya/0000137511.html

《女性センター（男女共同参画局）》

配偶者からの暴力や女性が抱える問題全般

https://www.gender.go.jp/policy/no_violence/e-vaw/soudankikan/06.html

国連が定めた3月8日国際女性デー
HAPPY WOMANに参加しよう！

《(HAPPYWOMAN Festa2024)》

https://happywoman.online/?gad_source=1&gclid=CjwKCAiAzc2tBhA6EiwArv-i6UVOF37LlWb70lAJos9Uyp10Ag5edbHNtJT-sx_l1xI9WeIRIL7-FhoCMskQAvD_BwE

第5章

『外国人』に
選ばれ続ける日本へ

２０２２年時点では日本で働く外国人が過去最多

日本はとても治安がよく、美しい自然や素晴らしい歴史や文化があり、人気の高い国であることは間違いありません。

２０２３年10月３日、米国の大手旅行雑誌『コンデナスト・トラベラー』が発表した「世界で最も魅力的な国ランキング」では１位に輝いたほど、日本は世界に愛されています。

しかし、ビジネスをしたり、暮らす国として見るとどうでしょう？

今後、人口が減っていく日本では、世界各国の人々にも、社会の担い手として日本で暮らし、社会を共に支えてもらう必要があります。

厚生労働省が発表した「外国人雇用状況」によると、2022年10月末時点の日本で働いている外国人は、前年比5・5％増の182万2725人となり、1年で9万5000人余り増えて過去最高を記録しました。

主な国籍別では、ベトナム、中国（香港、マカオを含む）、フィリピンの上位3カ国だけで100万人を超え、全体の6割近くを占めています。

ちなみに10年前の2012年は、外国人労働者数は68万人余りで、その4割は中国人でしたが、ベトナムからの労働者はこの10年で17倍に急増しました。

2040年日本の外国人労働者が42万人不足？

このように、順調に外国人労働者が増えているように見えるのですが、実は2040年には42万人もの外国人労働者不足に陥るというデータがあります。

JICA緒方貞子平和開発研究所が、2022年3月に発表した「2030／40年の外国人との共生社会の実現に向けた取り組み調査・研究報告書」の日本国内における外国人を取り巻く現状と受け入れ人数の予測結果を踏まえ、将来の地方の産業や社会の変化に沿った外国人との共生のあり方についての調査・分析の結果、2040年の日本の、「外国人労働者は需要に対して42万人不足する」といったことが想定が発表されています。

つまり、今のペース以上にたくさんの外国人が日本で働いてくれないと日本の労働力が不足するのは明らかだというのです。

日本が優秀な外国人に選ばれない国に？

かつては、経済大国、世界の憧れともいわれていた日本で働きたいと願う外国人は確かに大勢いました。

しかし、現在、日本の平均年収は世界ランキングで上位にいるとはいえません。

1991年から見ると、年々順位が落ちており、2013年に韓国に抜かれ、2016年にスロベニア、2018年にイスラエル、2020年にはリトアニアに抜かれ、その後も諸国に次々と抜かれて、年々順位を落としているのが実情です。

また、昨今の円安の影響もあり、《安いニッポン》と表現されることもあるほど、日本は『賃金が安い国』というイメージが定着してきています。

その上、今後、日本は世界に類を見ない超高齢化社会となり、人口減少によって、この先の飛躍的な経済成長は見込めない課題先進国ともいわれています。

賃金が安く、この先、国の経済成長も見込めず、経済分野のジェンダーギャップ指数は、主要先進国で最下位、つまり、女性に対して差別が大きい国、として世界中に認識されてしまっている今のような状態で今後もずっと、外国人が日本を選んでくれるでしょうか？

特に優秀な男女の外国人人材が、日本に大切な家族やパートナーを連れてきて、暮らし、働き続けたいと思うでしょうか？

海外旅行先として、一時的に日本に遊びに来る人たちはまだまだ増えるでしょう。

でも、経済分野においては、まだまだ今後も経済が大きく成長するであろうアメリカやインド、ＡＳＥＡＮ諸国をはじめ、魅力的な国が世界中にたくさんある中で、海外で働こうと考えている外国人、特に優秀な外国人が今後も日本をあえて選んでくれるのかは疑問です……

私個人から見ると、日本の男性は優しい人も多いですし、日本に暮らせることは幸せだと思っています。

しかし、日本のジェンダーギャップ指数を見た外国の方が、日本は女性に対して差別があり、扱いがよほどひどい国なのだと思ってしまうのは当然でしょう。

もしも、皆様が日本以外の国の人だったとして、大切な娘や女性の友だちが、日本で働くことを検討していると聞いたら、心配になってあえて働き先に、日本を選ばなくてもいいのでは……と思ってしまうかもしれません。

『私たち日本人一人ひとりが努力をせずにこのままの状況が続くと、日本はどんどん〝選ばれない国〟になっていくかもしれません……』

ある日、そういった内容の講演を聞いた時に私はハッとしたことを思い出しました。
そして、確かに今のままだとそうなるかもしれない……そう思ってしまいました。

外国人女性が住み・働きやすい国ランキング

当然のことですが、『働きやすさ』や、『暮らしやすさ』は、外国人の移住につながる重要な要素です。2022年、外国人女性が住み・働きやすい国を順位付けしたランキングが、世界最大のエキスパット（海外駐在員）向け交流サイト「インターネーションズ(InterNations)」により発表されました。

これは、世界各国で働く海外駐在員へのアンケート調査を基に、各国の就労環境、生活の質、生活費などの指標を分析したものということですが、1位はメキシコで、**駐在員の91%が生活に満足**だと回答しました。

メキシコは社会への溶け込みやすさや、経済面での満足度が高評価となりました。

2位はスペイン、3位はアラブ首長国連邦（UAE）、4位シンガポール、5位ポルトガルと続きますが、なんと、悲しいことに外国女性が住み・働きやすい国の最下位は日本だったということがわかりました。

日本が住み・暮らしにくい国とされた主な理由は5つです。

《日本が住み・暮らしにくいと思う5つの理由》

①社会への溶け込みにくさ（英語が通じない人が多く、コミュニティに溶け込めない）
②キャリアUPの機会・選択肢の少なさ
（外国人が活躍できる企業・業種の少なさ・ジェンダーギャップ）
③ワークライフバランスの悪さ
④言葉の壁（日本語が堪能でなければ仕事面・生活面がスムーズにいかない）
⑤経済面（給料の安さ・生活費の高さ）

1位のメキシコは、社会への溶け込みやすさ、経済面での満足度が特に高いことに対し、日本ではその両方が満足に整っていないと評価されていました。

《**英語対応・選択肢・ワークライフバランス・経済**》

賃金などの経済的な条件はもちろん、日本人が英語を話せない人が多いことによる生活や外国人を受け入れている企業、業種などキャリアの選択肢が充実していくことが重要であることがわかります。

唯一、1位のメキシコよりも日本が優れているとされた点としては、『治安が非常に良い』ということでした。

日本をもっと魅力的な国へ！ 100年に一度の大変革のチャンス

ここまで読むと、なんだか日本はもうダメなのかな……という気がしてしまう方もいることでしょう。

でも大丈夫！　そんなことはありません。

日本人は世界最古の国家であり、100年企業、長寿企業が世界一多く、世界トップレベルの技術や智恵があります。また、あのスティーブ・ジョブズなどの世界的な経営者や、ゴッホやドビュッシーなどの芸術家や音楽家、アーティストにも多くの影響を与えている、素晴らしい歴史と文化的な価値を有しており、世界から見ても、魅力と可能性の宝庫です。

また、焼け野原となった敗戦後も、また不屈の精神で立ち上がり、驚くべきスピードで国際化、近代化を推し進めて世界3位の経済大国にまでこの国を発展させた日本人のSamurai spirits、いざとなったときの底力と、団結力、誠実さ、そして勇気と行動力はこれまでの歴史を見ても群を抜いています。

こうする！と決めたときの日本人は最強でありこの日本には計り知れない可能性があります。

本章では、今後日本が、外国人に選ばれなくなってしまうかもしれない要素、つまり、『外国人に選ばれる日本であるための課題』をご紹介しました。

・ジェンダーギャップ指数の課題
・経済成長や賃金の課題
・ワークライフバランスの課題
・言葉の壁や労働環境の課題など

どれをとっても、難しい課題ばかりです。
しかし私は、これらの中に『日本が実現できない』ものはない、と思っています。
戦後何もかも失っても、愛する人たちのために
そして自分自身の人生のために、希望を失わずまた立ち上がった
先人たちのように

『自分たちが、強くて豊かな 新しい日本をつくるんだ!』
『自分たちが、理想を実現しよりよい社会に変えるんだ!』

と、一人一人が強い意志を持ち、一丸となって変革を推し進めれば、

不可能なことはない、と私は思うのです。

『今、足りないもの』は『今から補えばいい』のです。やるか、やらないかです。

でもやるとしても、タイムリミットがあります。

２０４０年には日本の外国人労働者は需要に対して42万人不足するとお伝えしましたが

私はここからあと5年、10年が正念場であると思っています。

『外国人に選ばれ続ける日本』になるために

『日本にしかない、価値や強みを活かし、もっと世界から愛され、必要とされる国』になるために

そしてＤＥ＆Ｉ、『多様性や公平性を包摂した社会。誰もが尊重され、幸福感を感じることができる共生社会』を実現していくために、一体何を変えていけばいいのか。

もう少しだけ、世界のロールモデルなどを参考にしながら一緒に考えていきましょう。

第 6 章

世界に学ぼう！
『幸福度ランキング』から見たヒント

さて、皆様は、「世界幸福度ランキング」をご存知でしょうか？

幸福度ランキングとは、その名の通り、世界137カ国の幸福度の調査ランキングで、心身ともに満たされ、幸福感を感じることができる状態、ウェルビーイングを構成する5つの要素の中にも含まれている安定した生活や暮らしに必要な所得、心身の健康、身近な人たちとの人間関係、人生の選択の自由さやに加えて、社会全体の寛容性や、汚職の有無など、大きく分けると6つの要素で評価されており、国民が『自分の生活にどれくらい満足しているか』を表したものです。

日本の順位は毎年50位前後で、GDP世界3位の国としては低い水準です。

日本は今、**世界と共に心身ともに満たされて『幸福感を感じることができる』ウェルビーイング社会**を目指しています。

そんな中で、国民一人ひとりが幸福感を持って暮らしていることを示す、この**幸福度ランキング上位の国々の取り組みは、まさに私たちの日本に今、何が足りないのかを教えてくれるヒントとなるはずです。**

世界各国の中で、幸福度ランキングが高い国々は、どの国も美しい街並み、そして豊かな自然や文化に富み、個性的で魅力的な国ばかりではありますが、実はそれ以外にもいくつかの共通点や特徴があるようです。

幸福度ランキング上位の国の共通点

DE&I（多様性・公平性を包括　女性・若もの・シニア・外国人）誰もが住みやすくて、ポジティブな国！

まず、幸福度ランキング上位の国には男女格差、ジェンダーギャップが少なく、多様性や公平性を包摂したDE&Iを実現している国が多いということが挙げられます。

例えば、2023年版の幸福度ランキング1位のフィンランドは、ジェンダーギャップが少ない国上位3位、幸福度ランキング2位のデンマークはジェンダーギャップの少ない国23位、幸福度ランキング3位のアイスランドはジェンダーギャップの少ない国1位、幸福度ランキング6位のスウェーデンはジェンダーギャップが少ない国5位、幸福度ランキング7位のノルウェーはジェンダーギャップが少ない国2位など、**ジェンダーギャップが少ない上位国が、ずらりと幸福度ランキング上位にも並んでおり、**

ジェンダーに関わらずに公平に社会、経済、文化的な活躍への参画が選択でき、結婚、出産後も、安心してキャリアを築き、無理なく働き続けることができる社会環境がしっかりと整っていることがわかります。

幸福度が高い北欧諸国の取り組み

また、改めて見ますと、幸福度ランキングの上位の多くを北欧が占めていることに気づきます。

実は、幸福度ランキングの上位10位のうち、北欧の5カ国（デンマーク、フィンランド、スウェーデン、ノルウェー、アイスランド）がほぼ例外なく毎年ランクインしており、北欧の国々の社会には、他国とは違う注目すべき点があることがうかがえます。

北欧諸国は「福祉国家」（Welfare State）といわれ、国民の福祉の向上のために政府が直接介入する国家であることが特徴で、生活の質の高さ、国民の幸福度や生活満足度、あるいは人間開発度の調査などではいつも上位を占めています。

ここからは幸福度ランキング上位の北欧における社会の特徴などを、お伝えしていきたいと思います。

《POINT①》子育て世代・女性も笑顔！

《若い世代の子育ても安心・女性の生きやすさ》

先ほど、幸福度ランキング上位の国は、ジェンダーギャップが少ない国が多いとお伝えしましたが、そういった環境は＝子育て世代、つまり若い世代をしっかりと支える環境が整っているということでもあります。

経済、社会を支え、働きながら結婚、子育てをする若い世代や女性たちにとって、仕事と家庭生活の両立と不安のない充実した人生を生きるための下支えとなる制度がある国々を魅力的に感じるのは当然のことです。

例えば、北欧の幸福度ランキング6位のスウェーデンでは若い世代、子育て世代への支援が手厚く、ＥＵ圏の中でも最もフレキシブルな育児休暇制度が整っていることで知られています。

例えば、男女ともに産休や育児休暇の保証や、両親合計４８０日もの有給休暇の配分を自由に取得でき、出産費用や20歳未満までにかかる医療費、大学までの学費も無料で、ベビーカーを使用している大人はバスが無料で利用することができます。

北欧は生涯の生活の豊かさと格差に繋がる『教育を重視』し全面サポート

実は、北欧諸国では、教育が一生涯における生活の豊かさを決める大きな要因であるとして、非常に重視しています。

親の所得水準によって子が受けることのできる教育水準に差ができてしまうと、格差の世襲に繋がってしまうため、教育政策のあり方が極めて重要であるとして、北欧諸国の全てにおいて、義務教育（就学前の1年を含む）は無料になっています。

加えて、デンマーク、フィンランド、スウェーデンでは、高等教育を含め、原則として授業料は無料となっており、フィンランドでは、学費は大学まで無料、住居手当や勉学手当も支給されて「学校間、個人間の学力格差を極力なくし、全体を底上げする」という考え方が教育に反映され、生徒の学習到達度調査（PISA）では、世界一位と評価されるほどの教育大国として知られています。

《POINT②》
外国人・学生さんも笑顔！
《学費無料・外国人の生活環境へも配慮》

また、外国人の労働環境や生活環境に対してなどに対しても、ダイバーシティ（多様性）&エクイティ（公平性）&インクルージョン（包摂）を実現している国が多いことも注目すべき点といえます。

例えば、幸福度ランキング6位のスウェーデンは、世界各国から移民を受け入れている他民族国家で、多様性を包括した外国人が住みやすい環境が整っていることで知られています。

具体的にはスウェーデンでは、国籍者のみならず外国から移住し移住権を持つ人は国籍者同様の『学費が無料』など、**移民も様々な制度が使うことができ、心地よく安心感のある暮らしの環境を提供している**スウェーデンは外国人労働者や移住者から高い評価を受けています。

確かに海外に移住を考えた時、その国の国民同様の労働環境や生活待遇など、移民や外国人を大切にしようとしていることが感じられる制度や環境を用意してくれている国であれば、ぜひ移住したい！と思いますよね。

しかし、実は世界的にも寛容とされる北欧諸国においても、この移民の受け入れに関しては様々な問題や課題があることも事実で、そういった課題解決にむけたとりくみも注目されています。

第5章でご紹介しましたように、この先人口が減っていく日本でも移民や外国人労働者の受け入れがとても重要なテーマとなっています。

日本ではまだまだ海外から移り住んでくる外国人の方々に、安心して充実した生活を提供できる環境が整っていない現状がある中で、北欧の成功事例はもちろん、問題や課題なども参考にして今後どうしていくべきかを考えていきたいですね。

《POINT③》
シニアも笑顔
《最後まで人生を楽しむ・寝たきりゼロ社会のスウェーデン》

さて、次は超高齢化社会を迎えた日本にとって、関心が高いシニア世代の生活環境についてです。

日本人の平均寿命は80歳以上といわれています。しかし、寝たきりの人が多いのも事実で、健康寿命は70歳程度といわれています。

しかし、北欧ではシニア世代になってからも、人生を楽しみ、幸福感を持って暮らしている人が多いことで知られており、スウェーデンでも、**シニア世代がイキイキと、人生を最後まで楽しむ**『寝たきり老人ゼロ社会』だというのですから驚きです。

シニア世代が『死ぬまで人生を楽しむ』といったポジティブな思考でいられるのは、宗教観や倫理観の違いなどもあるとされていますが、もちろんそれだけではありません。

こういった社会が実現しているスウェーデンの社会背景には、税金面は高負担ではあるものの、高福祉が約束されており、老後の手厚い福祉の充実、医療費なども無料、または最低限ですむなど、シニア世代の生活や将来の不安が少ないことが背景にあるとされています。

《POINT④》
北欧の抜群のワークライフバランス
午後4時には帰宅で日々にゆとりがある

また、北欧諸国では、人生を楽しみ充実した生き方ができる、抜群のワークライフバランスが整っていることでも知られています。

例えば、デンマークでは夕方16時にはラッシュアワーを迎え、金曜は15時には帰宅し、家族との楽しい時間や自分自身の自由な時間を過ごすそうです。

羨ましい……でもそんなに早く帰宅するなんて、仕事はちゃんと終わるの？　経済面でも本当に大丈夫？と心配になってしまいますよね。

午後4時に帰宅しても経済は好調　GDPは日本の倍近く

しかもなんと、デンマーク経済は「大丈夫」どころか、デンマークの一人当たりGDPは6万7800USドル（2021年）と、日本（3万9280USドル＝同年）の倍に迫る勢いというから驚きです。

人口600万人に満たないこの国は、抜群のワークライフバランスを誇り、国連が発表する毎年の幸福度調査でも、10年連続で1〜3位につけるという安定した〝幸せの国〟であり続けているのも、こういった経済力の高さがあるからこそなのでしょう。

しかし、平日に16時に帰宅して、なぜこんなにも大きな経済成長、GDPの成長が生まれているのでしょうか。それには様々な要因がありますが、その中の一つであろう取り組みをご紹介したいと思います。

《POINT⑤》SDGs持続可能性 経済成長・文化的成長へ

抜群のワークライフバランスと経済力を併せ持つデンマークの経済成長の秘密の一つは第2章でご紹介した世界の持続可能性を高め、経済成長や文化的発展にも繋がるSDGsの達成に向けての取り組みを国を挙げて行い、非常に高い成果を出していることも要素としてあるといわれています。

例えば、2022年のデータによると

・環境への配慮が高い政策の国（環境パフォーマンス指数）ランキングの世界1位

・ＳＤＧｓの達成度ランキング世界2位
・世界で最もサステナブルな企業ランキングの1位と2位はともにデンマーク企業
・政治のクリーンさ（腐敗認識指数）世界1位
・世界競争力ランキング1位、

と、これらのランキングではデンマークをはじめ、北欧の諸国がトップとなることが多く、北欧諸国の出している成果がずば抜けていることがわかります。

平日午後4時に帰宅しても成り立つ社会制度を確立し、大きな経済成長の可能性を秘めたＧＸやＳＤＧｓ達成に向けた成長戦略をしっかりと理解して、国を挙げて全力で取り組むことが国民全体の幸福度や、国際的信頼にも繋がる考え抜いて選択しているのでしょうから、本当にすごいことですね。

『北欧3国』では国民の高負担は当たり前 国民全体で全ての人たちの一生涯を支える社会

さて、そして最後に注目すべきことがあります。

それはこの章で度々、女性や子育て世代、そしてシニア世代などの手厚い福祉、医療の制度があることをご紹介してきた**幸福度ランキング上位国のスウェーデン・フィンランド・ノルウェーの3カ国は、**福祉サービスや医療制度、セーフティネットが充実していると同時に、**『北欧3国』とよばれており、高福祉・高負担の国として知られています。**

それを聞くと、『高福祉は嬉しいけれど、税金等の高負担はちょっと……』

そう思うのは当然ですよね。

しかし、北欧は国民の税負担が非常に高負担でありながら、国民の満足度、幸福度が非常に高いのはなぜなんだろうと、不思議に思いませんか？

この背景はとても大切な要素だと思いますので、ぜひご一読いただきたいと思います。

北欧3国の国民負担は55％以上でも幸福度が高いわけ

生涯安心して暮らすことができる高福祉の北欧ではありますが、当然、国も高福祉を提供するためには財源が必要であり、財源がなければ国民の人生を手厚く支え続けることはできません。

実は北欧3国は、その財源として消費税の税率がとても高いのが特徴で、3国の国民負担率はなんと、55％を超えており日本の負担率の約1・5倍程度にもなります。

それにも関わらず、フィンランドは幸福度ランキング1位、スウェーデンは6位、ノルウェーは7位と高い国民の幸福度、つまり満足度を保っているのはなぜなのでしょうか？

北欧諸国では、医療や福祉、子育て世代への手厚いサポートや教育支援など「良いサービスを受けるにはそれなりの負担をしなければならない」といった、国民全体で負担しお

図29：北欧三国の税制と使途

	付加価値税率（消費税）（※1）	租税負担率（2000年）（※2）	国民負担率（2000年）（※3）	社会保障費の対GDP比率（2000年）（※4）
スウェーデン	標準消費税25% 食料品消費税12%	54.5%	76.5%	32.3%
フィンランド	標準消費税22% 食料品消費税17%	49.4%	66.6%	25.2%
ノルウェー	標準消費税24% 食料品消費税12%	43.1%	55.9%	25.4%
日本	5% ※2018年2月現在は8%	23.2%	37.2%	20.5%

(※1)財務省　消費税などに関する資料　食料品に対する付加価値税適用税率の国際比較(2004年4月現在)
(※2)(※3)財務省　国際比較に関する資料　OECD国民負担率(対国民所得比)（2004年4月現在)
(※4)NOSOSCO21：2003　日本/厚生労働省「国民の福祉の同行」2003年

出所：北欧の社会保障政策の特徴|福祉用具なら【矢崎化工kaigo-web】をもとに作成

互いを支え合う高福祉・高負担の考え方を国民全体が支持し、納得しているからこそ成り立っている環境といえます。

目にみえて税金の還元を実感

そんな北欧3国では、「国民が政府を監視する」という考え方が一般的で、国際的調査結果では政治家や公務員の汚職が少ないと評価されています。

例えば、税金の使途に関しても事細かに公開されるなど、政府や役所の透明性が高く、税負担が高くても、払った税金の分だけ学費や医療費の無償化、各種手当など、わかりやすい形でサービスに還元され、目に見えるメリットが享受できるという、国民がリターンを実感しやすくなっている点などが高い税負担であっても不満が出にくく、満足度が高くなっている結果になっていると考えられています。

高負担でも、経済成長は維持できる

また、スウェーデンでは、先進国の中でも相対的に高い経済成長率を維持しており、**高負担が経済成長の阻害原因になっていない**ことを証明しています。

しかし、スウェーデンも最初からこのような結果だったわけではありません。1980年代半ば以降、**高齢化による社会保障制度の危機を経験**しながらも、**年金制度をはじめ、様々な変革に取り組んだ結果として、現在の高福祉と経済成長を両立させた**といわれています。

いかがでしたでしょうか？

まさに今後の少子高齢化社会の中でいかに社会保障制度を維持存続し、新しい社会をつくっていくのか、といった**大きな課題に直面している私たちの日本にとっては、眩しいほどの成果**ですよね。

もちろん、日本と北欧では、「人口規模の違い」や「社会形態の違い」がありますので、私たちの日本で全く同じことができるかといえばそうではないこともたくさんあります。

しかし、**国民の幸福な人生構築に必要な教育や医療福祉、一生涯安心に暮らせる制度や、DE&Iの実現、経済成長にしっかりと繋がる成長戦略、SDGsに本気でとりくむことで国の持続可能性を高めつつ、世界に先駆けてモデル的循環型の社会を構築し、国際的信頼を高めるなど、参考にできることは数多くあります。国民と国がしっかりと信頼関係を持って支え合うからこそ実現する、**北欧のあり方は、まさにウェルビーイング社会、私たちが目指す笑顔溢れる新時代のモデルの一つなのではないでしょうか。

そして私たちの日本も、日本にあった方法で1980年代半ばのスウェーデンのように、まだまだより良い社会へと変革をし再構築できるはずです。

一生安心して笑顔で暮らせる豊かな国へ

第6章では、日本の持続可能で笑顔溢れる新時代を創るために、そして外国人にも選ばれる国になるために、ヒントになりそうな制度やロールモデル等をご紹介していきました。

確かに日本と北欧では、人口や国の国家体系が違うのは事実ですので、一概に比べることはできません。

しかし、北欧は人口が少なく、でもだからこそ一人ひとりへの投資を大事にして生産性を高め、手厚い福祉で支え続ける国の制度は、「弱者にやさしい社会」とされており、今後人口減少、超高齢化社会を迎えた私たち日本が学ぶべきことは、まだまだ多いように思います。

北欧諸国のように、仕事の充実はもちろんのこと、もっと家族との時間や自分自身の時間も充実させて、日々笑顔ですごせる生き方ができたら本当に幸せですよね。

心身ともに幸福感と充実感を感じられる人生を実現できる新しい組織やまちづくり、国づくりを目指していきたいですね。

第7章

日本が世界の模範に？

世界で最も永く持続する日本は究極の共生文化・D&I

最後に、私が今回最も伝えたいテーマでもある、日本が世界の模範となり、人類に貢献できる可能性についてお伝えしたいと思っています。

世界は運命共同体の『ワンチーム』

世界は広く、美しい景色や、多様な暮らしがあります。そして
・持続可能で心豊かな『人と自然の共生社会』の実現
・世界中の『多様な人々を尊重し生かしあう共生社会（ＤＥ＆Ｉ）』の実現
これが今、日本と世界が目指している新時代の未来です。
また、こういった社会の実現は、人類が実現したいビジョンともいえるでしょう。

そして、この人類の理想の未来を実現するためにまず必要なのは、『私たち世界の全ての人たちは、ワンチームである』という共通認識をもつことです。

世界は多様でありながらも、一つです。

そして世界は、国ごとに分断されているように見えるかもしれませんが繋がっています。

誰がために鐘は鳴る
～人類はみな、地球の一部であり個人は人類の一部～

皆様は、アーネスト・ヘミングウェイの長編大作「誰がために鐘はなる」(原題For Whom the Bell Tolls)」でも知られるイングランドの詩人ジョン・ダンの瞑想録の、この一説をご存知でしょうか。

『この地球に存在する全てが 私たちが共に生きる世界だ。この地上で起きる出来事、行われることの全ては 私達に関わっている。誰もが大いなる地球の一部なのだ。誰が死にゆくとしても、それは自らが削られ、死にゆくのに等しい。なぜなら私たち自身が人類の一部であり、地球の一部だからだ。ゆえに、誰のための弔いの鐘かと問うてはならない。それはあなたのためにも鳴らされている鐘なのだから』

『この地球上で存在するもの全ては一つであり地球上で起こることの全ては、私たちの出来事でもある。』

このメッセージは今、私たちにとって大きな意味を持っているように思います。

今、世界中で起こっている環境破壊や貧困や自然災害、ロシアによるウクライナ侵攻など、全ての出来事が他人事ではなく私たちの出来事です。

私たち人間はいつの間にか、恵みをもたらし、これまでずっと共存してきた自然やあらゆる存在への感謝と配慮を忘れ、人間の便利の代償として自然破壊や環境汚染などを繰り返してきました。

そして世界的なパンデミック、コロナ禍はその影響が循環し目に見える形で私たち人類にかえってきた自然の条理、「因縁生起」※なのではないかという人たちもいます。

※この世に存在する物事は、全て因と縁によって成立しており人間の存在や自然界など、全て因縁によって一時的に結ばれまた解ける。何一つ固定的な存在はなく、生滅を繰り返し変化を続けるという仏教思想。

人も、動物も、植物も、そしてこの大地も、この地球上の全てのものは繋がっており、あらゆることは循環している。

だからこそ、人と自然がこれからも共生し続ける**『持続可能な共生社会』実現のためには**、世界がワンチームとなって活動をしていくことが必要です。

そしてまさに今、日本は世界とワンチームとなり、共通目標であるＳＤＧｓやＤ＆Ｉなどのテーマに取り組んでいます。

しかし、実は今、日本古来の伝統文化や思想がＳＤＧｓの人と自然の共生社会やＤ＆Ｉ、ウェルビーイング社会を目指す世界の模範として、密かに注目されていることをご存知でしょうか？

自然と人への感謝を忘れない精神文化

世界の模範とされている中心的なものは、『日本人の思想や精神性』です。日本には古くから、心の奥深くに根付く『言霊』という精神文化があるなど、言葉をとても大切にしてきました。

有り難し

例えば、日本では、感謝の気持ちを表すとき『有難う（ありがとう）』という言葉を使いますが、この有難うの語源は「有難し（ありがたし）」という仏教語で、文字通り、『有るのが困難、めったにない』という意味です。

電気があり、いつも暖かい空間でいられることも、毎日美味しい食事ができることも、会社が存在することも、仕事があることも、お客様が来てくれることだって当たり前ではありません。

誰かが努力し、力を尽くしているからこそ、成り立っているという、**人々が日々の中で忘れてはならないことを伝える言葉が『有難い』**なのです。

いただきます

そしてもう一つ、大切な言葉があります。それは『いただきます』です。

食事をするということは、動物や魚、そして野菜や果物の命を『いただく』ということです。

全ての命を『いただき』ながら私たちの命が生かされていることを忘れることなく、感謝する言葉です。

有難うが多い人は人間関係が良好・人生が豊かに

たくさんの「有難う」を発する人、「感謝を忘れない人」の人生は豊かになるといわれています。

なぜなら、感謝の心は幸福感と謙虚さ、愛を生み、『自分も何か返したい、誰かの役に立ちたい』など、人を前向きにするからです。

日本の先人たちは、長い歴史の中で『生きる』ために多くの努力を重ねてきました。

そして、幾多の自然の災禍に見舞われたり、戦や飢饉など、多くの辛い経験を重ねてきたからこそ、繰り返したくない過去の教訓や、日々への感謝、そして、人と人との良好な関係性や豊かさを育む智慧を生み出し今に伝えてくれています。

実は私は、今こそ日本の先人たちが育んできた感謝の心、そしてこの日本の**伝統文化の中にある教訓や智慧が**、人と自然の共生や、ダイバーシティ（多様性）を包括した共生社会を目指す世界にとって大きなヒントや、貢献ができるものだと確信しています。

ここからは、もう少し、そういった日本の文化をご紹介したいと思います。

私たちの国がどれだけ素敵な国であるのか、少しだけその真価に触れることができるはずです。

異文化を排他しない平和的精神文化

今、世界中で「不寛容」の嵐が吹き荒れているといわれています。

とりわけ、世界の国々の中では信仰や思想の違いによる紛争が絶えません。

そんな中で、**日本では八百万の神、自然神崇拝や先祖崇拝の仏教はもちろんのこと、異なる様々な宗教や文明文化が共存しています。**

例えば、日本の年中行事の中には、神道由来のお正月や、仏教由来のお盆、そして古代ケルト人の祭りが起源とされるハロウィンやキリスト教由来のクリスマスなどがあり、多種多様な宗教や思想、異文化の行事などがごく自然に、日本人の生活の中に共存し溶け込んでいます。

八百万(やおよろず)の神々の世界

しかしなぜ、日本はこんなにも自然に異文化を受け入れられるのでしょうか?

ここからは、その背景となる日本人の基本的な思想や文化をご紹介します。

歴史の中で、正しさやそれぞれの異なる正義を掲げ多くの宗教戦争を引き起こしてきた『一神教』の国がある一方で、日本は自然界の生命力やあらゆる神聖なエネルギーを神とする日本古来の信仰とされる神道、「八百万の神」(やおよろずのかみ)の世界で知られています。

八百万(やおよろず)、とはつまり数えきれないくらい多い、という意味です。

近年、トイレの神様、という曲が流行りましたが、トイレの神様は、烏枢沙摩明王という名前で鎮座しておられ、山には山の神様が、火の中には火の神様が、田には田の神様が、そして家には竈（かまど）の神様、風神、雷神、貧乏神や鬼も神とする地域もあるなど、

私たちの日々の暮らしの中や、自然界のあらゆるものには神様が宿っており日本人は常に神様と共に暮らし生きてきました。

お正月は『年神様を自宅に招く』行事

また、皆様は『お正月』も実は元旦に彼方から1年の福徳を運んできてくれる『年神様』を家にお迎えする行事だということをご存知でしょうか？

玄関前に飾る『門松』は、年神様が迷わず、わが家に来てもらうための目印として設え、鏡餅は家の中の年神様の依り代（よりしろ：神様が宿るところ）として用意されました。

そして、おせち料理やお酒でおもてなしをし、『松の内』※まで神様と一緒に過ごして神様

のエネルギーや福を授けていただくことがお正月の行事とされています。

※『松の内』とは、正月事始めから神様がお帰りになるまでの期間を指します。松の内の終わりの時期は地域によって異なり、関東や東北、九州地方などは1月7日関西地方は1月15日（小正月）までとする場合が多いようです。

お花見は『田の神様』をもてなす行事

また、実は桜の花の下でご馳走を食べながらお酒を飲む『お花見』も田の神様をもてなし、1年の豊作を願う行事でした。

また、「サ」は「サの神さま（田んぼの神様）」を意味し、「クラ」は神様が鎮座する「台座」のことで、サクラとは『田んぼの神が宿る木』が由来ともされています。

農民たちは、桜を農業の目安にし、つぼみが七部ほど膨らむと稲の籾まきを始め、花が満開になると桜の下で神様をもてなし、豊作を祈願したといわれています。

ＳＤＧｓ・日本は究極の共生社会
自然（神様）と共に暮らし生きる

家にはかまどの神様や、トイレの神様がおられ、お正月には神様を自宅にお迎えし、お花見や様々な年中行事の中でも日本人と神様（自然）は一緒に過ごす。

本来日本人は、神様（自然）に感謝し、祈り、もてなし、自然の恵みやエネルギーをいただいて、また生きる活力としてきた、**究極の人と自然の共生社会だったのです。**

実は日本はとても国際的＆D＆I
七福神のうち日本人は一人だけ！

さて古来日本がいかに、「究極の人と自然の共生社会」であったのか少しおわかりいただけましたでしょうか。

そしてここからは、日本の伝統文化がいかに多様性を包摂するD＆I（ダイバーシティ・多様性）＆I（インクルージョン・包摂）なものであるかを象徴するお話を、ご紹介したいと思います。

お正月になるとよく目にする、宝船に乗って笑う『七福神』をご存知でしょうか？

恵比寿さんや大黒天、毘沙門天さんなど、商売繁盛や招福の象徴として身近に感じる方も多いと思いますが、実はこの絵に描かれている7柱の神様のうち、日本出身の神様は恵比寿さまただ1柱、あとは外国から招来した神様だということをご存知でしょうか？

日本の伝統文化は、純粋に日本で生まれたもの、と思っておられた方にとりましては衝撃的なお話ですよね。

せっかくの機会ですのでそれぞれの神様がどんな神様で、どこから来られたのかをご紹介しましょう。

《恵比寿（えびす）さま》

七福神の中で、唯一の日本の神様。

古事記のイザナギ、イザナミの子であるなどとされる。

釣り竿や鯛を持った姿から、大漁や商売繁盛のご利益があるとされる。

《大黒天（だいこくてん）》

もともとはインドのヒンドゥー教の神様。

米俵に乗り、打ち出の小槌（こづち）と大きな宝袋を持つ姿で、豊作や招福のご利益があるとされる。

《毘沙門天（びしゃもんてん）》
もともとはインドのヒンドゥー教の神様。
槍と宝塔を持つ勇壮な姿をしており、勝負事や幸福のご利益があるとされる。

《弁財天（べんざいてん）》
もともとはインドのヒンドゥー教の神様。
七福神の中で、唯一の女神。インドでは河の化身であったことから、日本でも水辺に祀られる。芸術や学問のご利益があるとされ弁財天、弁天とも表現される。

《布袋》
中国に実在したとされる僧が神格化された神様。
太鼓腹と大きな袋がトレードマーク。
水墨画などの定番画題で、無病息災や商売繁盛のご利益があるとされる。

《福禄寿（ふくろくじゅ）》

中国の道教で理想とされる福（幸福）、禄（財産）、寿（長寿）を象徴し、これらのご利益を授ける神様。頭は長く、経文を書いた巻物をつけた杖を持つ。

《寿老人（じゅろうじん）》

中国の道教の神様。

福禄寿と同一視されることもあり、南極星の化身とされる。頭が長く、鹿を連れ、杖を持つ。長寿のご利益があるとされる。

なんと、日本生まれの神様は、『恵比寿さま』のみで、他の神様はみんなインドや中国から船に乗ってやってきた海外の神様だったわけです。

つまり、日本の伝統文化の代表格である七福神は、ダイバーシティ（多様性）を包摂した国際的なチームといえます。

そしてこれを現代的にいえば、まさにD＆I（DiverCity／多様性 ＆ inclusion／包摂）チームであり、日本の平和的精神文化の象徴そのものではないでしょうか。

日本の伝統文様も実は海外から来た異文化

そして、日本が国際的であり異なる文化を受け入れ多様性を包摂する文化であるといえる事例はまだまだあります。

例えば、日本の着物や伝統工芸品などに描かれている『伝統文様』の中には日本で生まれたものではなく、外国から日本に渡り、日本人に永く愛された結果として日本の伝統文化となったものが多くあります。

《未来永劫平穏を願う『青海波』》

その代表的な文様が**青海波（せいがいは）**です。

青海波は、日本の伝統文様の代表格であり、無限に広がる海の恩恵を感じさせる、未来永劫へと続く幸福への願い、人々の平安な暮らしへの願いが込められた伝統文様です。

穏やかな波が平和な暮らしをイメージさせ、「永遠」に続く「平和」への願いが込められている文様でもありますが、実はこの文様の起源は**古代ペルシャとされており、シルクロードを経由したのち中国を渡って飛鳥時代、日本に伝わり、日本の伝統**文様となったとされています。

《唐草文様》

また伝統工芸品や、風呂敷などによく描かれている**『唐草文様』の起源も、日本ではなくギリシャやメソポタミアといわれており、**ヨーロッパ、ペルシャ、インド、中国、とシルクロードを経て日本に伝えられたとされています。

いかがでしたでしょうか？

いかに日本が元来、究極の人と自然の共生社会であったのか、そして、いかに日本が国際的で、異なる文化を受け入れるD＆I（DiverCity／多様性＆inclusion／包摂）的な国であるのかを少し、ご理解いただけたでしょうか？

日本の和の精神が世界の心を繋ぐ架け橋に

日本の伝統文化とは、日本で生まれ育った純粋なもの
伝統とは、変えてはならない、守るべきもの。

そのように思っておられた方にとりましては、少しショックを感じた方もおられたかもしれません。

しかし、どうでしょうか。

例えば、大陸の文明の中では、旧きものは徹底的に排除・弾圧され、強きものが全て、新しいものに変えてしまうという歴史を持つ国も多くあります。

旧体系と新体系が激しく対立・衝突し、どちらかが敗北して消滅する。

共生ではなく『統一』の道を目指すのに対し、日本では、新しいものがこれまでの文化を全て破壊するのではなく、自然と共生していったという点は大きな特徴といえます。

そして異なる世界からやってきた、美しいものや、価値あると感じたものを**素直に受け入れ、さらに自分の感性や創意工夫を加え**、着物や刀、工芸品などあらゆる技を磨き上げ世界中の国々を魅了する芸術的な美を生み出したことや、

日々、自然（神様）に、祈りを捧げ、命をいただく自然の恵みに感謝し生きてきた、シンプルでありながら生命の営みの循環に寄り添う自然な暮らしや、**日本の精神文化は、まさに人と自然の共生社会実現を目指す、世界の人々の模範**となる思想ではないでしょうか。

そして現代の日本人の私たちにとっても、多くの気づきと学びを与えてくれると思うのです。

日本のＤＥ＆Ｉ女性活躍の取り組み

さて、ここで少し角度を変えてＤＥ＆Ｉ、その中でも社会のキーパーソンとされる「女性」の活躍社会の実現に向けて取り組む中で、気がついたことを、日本文化と重ね合わせてお話をさせていただきたいと思います。

ＤＥ＆Ｉ（DiverCity多様性＆Equity公平性＆Inclusion包摂）、個々の多様性を認め、尊重し、活かし合う社会をつくろう、全ての人々に対し公平性のある社会をつくろう。と男性社会の組織に対して女性活躍・男女共同参画を推進していた時、ある一人の女性の意見を聞いて、ハッとしたことがあります。

内容はこうです。

ある女性活躍に関する勉強会の後、あえて男女分かれて意見交換をしました。

そして、『この組織の中の課題』について話をしていたとき、ある女性が先ほどの勉強会の総括として、役員がいった発言に言及しました。

そのセミナーは、現在、ジェンダーギャップ指数、経済分野は先進主要国最下位であり、まだまだ女性の賃金や待遇の格差が大きく、貧困率も高い。

また、日本の女性の役員比率も非常に低く、海外と比べてまだまだ活躍できていない。

社会や企業の女性活躍に対する支援体制が整っておらず、家庭と仕事の両立が困難であったり、アンコンシャスバイアス（無意識の偏見）などにより女性の心身の負担は大きい。

しかし、環境を整え、女性たちがもっと活躍できるようになれば、企業の利益や株価も向上することが期待できるなど、多くのメリットを社会や企業にもたらす可能性もあることを伝えてくれたセミナーでした。

そしてその話を聞いた役員は「今日のセミナーに参加をして、女性活躍を推進することによって会社の利益やブランディングに繋がるという話を聞き、メリットが理解できたのでやってみようという気持ちになりました」と発言しました。

一見すると、問題がないように感じるかもしれませんが、女性は憤りを表しながら、こう続けました。

「この話、『メリット』がなければやらないいんですか？　日本では、まだまだ家庭と社会を両立できる環境が整っていない中で、女性たちはとても苦しく、大変な思いをしているのです。

なのに、組織や会社にとって、何かメリットがなければ取り組む必要がない、といわれているようで、なんだか悲しくなりました……」

そうなのです。日本でもまだまだ多くの働く女性たちが、家庭と社会の狭間で安心して働ける制度や環境が整っていないがゆえに、心身ともに苦しい思いをしているのです。

もちろん、企業や組織にとってメリットも大切です。

またこれまで、取り組んでこなかったことを取り組むということは、多くの時間や労力を要し、不安や負担があることも重々承知しています。

でも、やはりメンバーや社員さんは組織にとって、運命共同体です。

特に会社の社員さんにとっては、**仕事という時間は、『人生』の大半を占めるものであり、社長やリーダーは、その社員さんの人生を預かっている、**または互いの人生を共有しているといっても過言ではありません。

ある会議で、D E ＆ I や女性活躍社会の実現の議論になったとき、まだ取り組みをしていない組織の幹部の人たちのコメントの上位には、『弊社には、必要性を感じない』

『取り組むメリットを感じない』などの言葉が並びました。

つまり、**直接的な売上や利益など、自社に明確なメリット**があるならば、取り組むことを検討するけれど、明確なメリットがなければ、取り組む必要性を感じない、といった意見です。

メリットはもちろん大切です。

でも、大切なことはそれだけなのでしょうか。

目の前にいる大切なメンバーや、社員さんが苦しい思いをしていたり困っているのであれば、なんとかしたい、そう思いませんか？

または、会社や組織と家庭は別だから関係ないと考える人もいらっしゃるかもしれません。

もし、そうであればきっと、そのスタンスは伝わっていると思います。

そして、私たちは社長に大切にされていない……そう感じているかもしれません。
そのように感じてしまった社員さんが、その会社にずっと勤めたいと思うでしょうか？
また会社にもっと、貢献したいと思うでしょうか。

日本の企業や組織、そして世界は今、『持続可能性』をいかに高めるかが最も重要なテーマとしています。

そしてその持続可能性を高めるために最も重要なのはやはり、『人財の確保』です。

そんな中で、先人たちが今、**私たち現代人が忘れかけている大切なこと、組織の持続可能性を高めるために必要な『人との良好な関わり』のヒント**を伝えてくれているような気がします。

日本は世界で最も『持続してきた国』現存世界最古の国家

改めて、皆様は私たちの国、日本が**世界196カ国中、最も持続してきた国**であることをご存知でしょうか？

日本は、神武天皇が即位したとされる紀元前660年1月1日（旧暦）より建国日とし、約2700年にわたって皇統で王権（王朝）をつないできたとされる世界唯一の単一王朝国家であり現存する世界最古の国家です。

ただこれは、伝承による部分もあり、実質の建国は古墳時代（6世紀頃）とも考えられていますが、そうだとしても、1400年以上続く日本は**〝現存〟する世界最古の国です。**

また、**世界で最も創業から100年以上続く老舗企業、長寿企業が多い**ことも、よく知られていることです。

日本最古の企業とされるのは、建築工事業の金剛組（大阪）で、創業は飛鳥時代である5

78年にさかのぼり、なんと聖徳太子が朝鮮半島の百済から招いた工匠の1人が金剛組初代にあたるというのですから驚きです。

つまり、日本は、**世界で最も持続してきた国であり、世界で最も持続してきた企業や組織づくりに成功してきた国**ともいえます。

しかし、世界には196もの国があり、数多くの企業があるにも関わらず、なぜ日本の国や長寿企業はここまで永く持続し続けることができたのでしょうか。

それは決して偶然ではありません。

日本も長い歴史の中で、戦争や不況そして多くの自然災害などの困難に見舞われてきました。

しかしそんな中でも、それらの困難を幾度となく乗り越え多くの企業が今日に至る事実は、日本にとって世界に誇るべきことです。

そして、そんな日本の長寿企業が幾多の困難を乗り越えて存続し持続可能性を高めてきた要因は様々あるとされていますが、私はその根幹には日本人が大切にしてきた、思想があるのではないかと思っています。

※歴史的な内容については、伝承であったり諸説あるなど、専門家の皆様にとりましては見解が異なると思われるものもあるかと思いますが、専門分野ではございませんため何卒ご容赦いただけますと幸いです。

国民はみな家族の『国家』私たちは愛されている

私が日本に生まれてよかったな、素敵な国だな、と思ったのは日本の『国家』思想の伝承の一説を教えていただいたときです。

世界最古の国家である日本を建国したと伝えられる神武天皇は、即位の際に『この国を一家と考え、自分が正しいことを行って、その心を広めたい』とおっしゃったそうです。

『全ての国民を家族として愛し、自分自身が正しいことを行ってこの国を豊かにし、守り続けたい』

そうおっしゃったとされる神武天皇の想いに感動し、幸せな気持ちになったと同時に、感謝の気持ちが湧いてきたことを今でも覚えています。

そしてもし、こういった考えを持つリーダーに出逢ったらきっと、『この人にずっと、ついていきたい』と思うに違いない。と思いました。

平和の精神と調和
『和をもって貴しとなす』

また、経営の神様とされる松下幸之助氏の自著『日本と日本人について』(1982年PHP研究所刊)では「日本の、平和の精神、和を貴ぶ心は、すでに千三百年前に国家の基本の法律である憲法の、第一条にはっきり掲げられている。和を重んじた、争い・戦争のない社会を築くためにも、常に『和をもって貴しとなす』という気持ちをもっていることが大切」である。

そして、その気持ちを強くもてば、むしろ向上発展の原動力となって、個人・集団にとって好ましい姿が生みだされる。と、記されています。

これは、聖徳太子が推古12（604）年に制定した日本最古の成文憲法である「十七条憲法」の、第一条「和をもって貴しとなす」

という有名な言葉について伝える話ですが、全文はこのような文章になっています。

『一に曰く、和（やわらぎ）を以て貴しと為し、忤（さか）ふること無きを宗とせよ。
人皆党（たむら）有り、また達（さと）れる者は少なし。
或いは君父（くんぷ）に順（したがわ）ず、乍（また）隣里（りんり）に違う。
然れども、上（かみ）和（やわら）ぎ下（しも）睦（むつ）びて
事を論（あげつら）うに諧（かな）うときは、すなわち事理おのずから通ず。
何事か成らざらん。』

この現代語訳は

『人と争わない「和」をなにより大事にしなさい。背き、逆らわないことを模範としなさい。世の中には、人間関係が上手くいかないこともある。それでも、上下の身分に関係なくみんなと議論を行えば自然と物事はうまく進むものである。調和をもってすれば、不可能なことなどない。世の中において大事なことは、『和を重んじ活発な議論を行う』ことである。』と説いています。

世界が目指すD&I実現へ 世界最古の日本を創ったリーダー哲学

この条文が1400年以上前に書かれたものだなんて驚きませんか？

十七条憲法は、現代の憲法とは異なり、貴族や官僚など人の上に立つものや、政治に関わる人々に対し人としての道徳や心がけを説いたものですが、むしろ現代人にとって重要な教えのように感じます。

まさに今、世界と日本が目指す、多様性を包摂し活かすD&I、DiverCity（多様性）&

Inclusion（包摂）の実現や、誰もが幸福感を感じ生きられるウェルビーイング社会実現のためにも必要な考え方ではないでしょうか。

また、この条文を憲法の第一条にしているということは、この思想を非常に重視していると思われますが、まず〝和〟を説いたのは、1400年以上前の当時も多様な人々の争いが絶えずあり、異なる多様な人々が助け合いながら、『平和で豊かな国』をつくっていくためには心を合わせ、ワンチームになる必要があり、その実現のための智慧だったのではないでしょうか。

また、実践の学問とさせる儒教の始祖である孔子は「君子たるリーダーは、どのようなときであっても広い視野と知見で正道をわきまえて行動する』としており、**目先の利益で動く人はリーダーとして不適格である**、としています。

個人も企業も利益は必要です。

しかし、**利益を生み出す源泉は信用・信頼**です。

その場の利益や、立ち回りばかりを気にして信用・信頼を軽視すると、後でとんでもないツケが回ってくる、と説いています。

「天下泰平の世」を築いた徳川家康公

また、儒教では人としての信用や信頼を得るためには『五徳』、5つの徳が重要であるとしていますが、約260年天下泰平の世を築いたとされる徳川家康公は五徳の中でも特に『仁（徳）』……**愛や思いやり、慈しみの心を持って**人と接することを大切にしていたといわれています。

当時、社会のトップリーダーであった徳川家康公がもしそのような意志を持って統治を行っていたのであれば、他者への思いやりを持って調和する平和な社会『天下泰平の世』が永く続いたことも当然の結果なのかもしれません。

近代社会の父
渋沢栄一翁『論語と算盤』

また、第一国立銀行をはじめ、生涯に５００もの企業に関わり、明治時代に「道徳経済合一説」を唱え近代日本の礎を築いたとされる、私が所属させていただいている、商工会議所の父、一万円札の肖像の渋沢栄一翁も、社会のリーダーとしてのあるべき姿を『論語と算盤』の中で説いています。

これは、出世や、目先の金儲けが優先となってしまいがちな世の中に対し、自社の繁栄を願うのであれば、**まずは人としての信頼や思いやりの心、そして公の精神を持つことが重要であることを説いた商業道徳とされています。**

私益と公益の両立、つまり自分の利益はもちろん重要ですが、公の精神を持ち、地域や国、そして人々へと貢献し豊かな社会を築いていくことに力を注ぐ、それが最終的には自らの利益となって返ってくるのだ。という教えです。

世界のリーダー
大谷翔平の愛読書

余談ですが、今を輝く日本の大スター、2021年、2023年にアメリカのメジャーリーグでMVP（most valuable player）に輝いた大谷翔平選手の人気ぶりはまさに全世界に轟くものです。

大谷選手の人気は、試合の結果はもちろんですが、**彼の何事にも真摯に向きあう姿、そして常に相手に対して敬意と思いやりを持った**礼儀正しい姿など、人としてのふるまいなどが尊敬されていることが多くの人々に愛され続ける理由ではないかといわれています。そんな彼の愛読書の一つが渋沢栄一翁の「論語と算盤」なのだそうです。

世界は今、『持続可能で誰もが幸福感を感じる心豊かな社会』を目指しています。

そして、世界で最も永く続いた国、いい換えると世界で最も『永く持続してきた』この日本を育んできたのは、人々を牽引してきた『組織のリーダー』です。

そして時代を越え、日本のリーダーが大切にしてきた思想には、日本最古の憲法第一条『和をもって貴しとなす』の教えである人と争わず「和」を大事にすること、上下の身分に関係なく議論を行い、異なりを排除することなくみんなで力を合わせることで不可能なことはないという教えや、どのような立場にあっても、『徳』を重んじ、他者に対しての思いやりや愛、慈しみの心を持って接すること、私益と公益を両立させる精神をもち、貢献する意識を持って行動することによって共に栄えていく。

こういった、相手を重んじる和の心や徳心、そして、人としての信用や信頼関係を最も大切にしてきた結果が、礎となって、世界最古の国家、そして長寿企業を育んできたのではないでしょうか。

日本に推奨したいD E & I &愛（思いやり）の社会

さて、ところで皆様、改めてよく考えてみると、聖徳太子も、孔子も、徳川家康公も、渋沢栄一翁も、大切にするべき、とする中心はいつも、『心』であることに気づきませんか？

「心」が上につく言葉を辞書でひいてみると、「心合わせ」「心意気」「心一杯」「心有り」「心得」「心覚え」「心掛け」「心配り」「心様」「心尽し」といったように、じつに400近い言葉があります。

日本が最も大切にしてきたのは、『心の文化』であり誰かのためにと行動する徳心や、公の精神が人と人との信頼関係を深め、結果として強いチームとなって、素晴らしい今を創り上げてきたということではないでしょうか。

実は、私は今、ＤＥ＆Ｉに愛（おもいやり）を追加したＤ＆Ｉ＆愛つまり、多様性・公平性とともに「愛とおもいやりが溢れる」組織づくりを推奨したい、と思っています。

わかりやすい利益や、株価も大事ですが、目の前にいる仲間が苦しい思いや大変な思いをしていたら『助けたい・何かできることをしたい』と思いませんか？

そう思ったなら、すぐに行動しましょう。

政府が推奨するからやらなくてはならない、ということだけではなく仲間を思いやる心に重きをおいて、新しい組織の仕組みや制度を再度見直してみませんか？

『愛と思いやり』に重きをおいて、何をやるべきかを考えてみるときっと、今までとは違う視点や、ヒントが見えてくるはずです。

先人は、歴史はいつも、私たちに大切なことを教えてくれます

組織にとって最も重要なのは『信頼関係』ロボットには信頼関係が築けない

いよいよ本章もこれで最後となりました。

今回は、『新時代の組織づくり』、というテーマで本を書かせていただきましたが、新時代の組織づくり、というとまずは、ＡＩやデジタルの活用を思い浮かべる方もいるかもしれません。しかし、もうおわかりの通り、**デジタル社会がベースとなったこの新時代だからこそ、最も大切なのは『人と人、そして心と心の関わりであり、信頼関係』です。**

ロボットには心の交流ができません。

つまり、組織にとって、最も重要な信頼関係が築けないということです。

和の心を持ち、相手を思いやる心と誠実な行動の積み重ねが、結果として相手との信頼関係を育みます。

また誰かのために、と思う『心』、愛情こそが人間にとって何より大きなパワーを生む源でもあるのです。

損得でなくまず目の前の人への「思いやり」を大切に

国際化社会の一員として世界と共に足並みを揃えなければならない、ということもあるでしょう。

少子高齢化社会の中で生き残るためにも、さらなる効率化を図ることも重要なことです。

しかし、持続可能で幸福感の溢れる、新時代の組織を創りたいのなら

『まずは目の前にいる人を大切にして、愛と思いやりを持って行動せよ』

と、先人が私たちに伝えてくれています。

現代の私たち日本人が今一度、この世界に誇る『和の心と叡智』をしっかりと受け継ぎ、徳心を持って、自らが行動し組織を大切に育んでいくこと

そして日本と世界の架け橋となり、この素晴らしい心の文化を次世代へ、そして世界へと伝え未来へと貢献していくことが、

現代を生きる私たちリーダーとしての役割であり、使命ではないかと思うのです。

さいごに

いかがでしたでしょうか？

聞きなれない言葉や、難しい表現もあったかもしれませんが
なにか一つでも役立つ知識や、『新時代の組織づくり』のヒントを
見つけていただけたなら幸いです。

生きることは未来を創ること。
Love the life you live. Live the life you love.

自分の生きる人生を愛そう
自分の愛する人生を生きよう

誰にとっても、たった一度の人生です。

『人生という名の時間』を共にする運命共同体の仲間たち。
仲間の人生と心に寄り添い、幸福感と笑顔が溢れる新時代の組織を育てていきましょう。

皆様の組織やご家族
そして皆様ご自身の人生の弥栄を祈念しております。

結びになりますが、初の書籍を書くことを勧めてくださり最大限のサポートをしていただきました、尊敬してやまないアチーブメント株式会社代表取締役会長兼社長青木仁志様、そして常に寄り添い続けてくださった森本和樹様をはじめとしますアチーブメント株式会社の皆様、編集者の皆様、そして出版にあたりお支えいただいた全ての皆様に心より感謝を申し上げます。

木村　麻子

お役立ちINDEX

～多様な人材活躍・ダイバーシティ

《ダイバーシティ2・0概要》経済産業省

《ダイバーシティ経営支援・研修等情報》経済産業省

《ダイバーシティ経営診断シート・ツール》経済産業省

《新・ダイバーシティ企業100選》経済産業省

《性的マイノリティへの理解・施策》厚生労働省

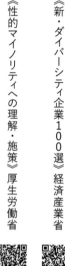

～Well-being・健康経営～

《Well-being・健康経営》経済産業省

～外国人労働者人材確保支援～

《外国人雇用管理アドバイザー支援》

《外国人雇用の人事・労務のお役立ち3ツール》

《外国人労働者人材確保支援助成金》厚生労働省

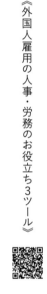

〜女性活躍・男女共同参画推進〜

《女性の活躍加速のための取組好事例集》男女共同参画局

《女性が輝く職場づくり〜取組事例集〜》日本商工会議所

《中小企業の好事例》ＰＲ

《職場におけるハラスメント防止》厚生労働省

《育児休業給付金》厚生労働省

《育児復帰支援プラン策定マニュアル》厚生労働省

《女性活躍認定（くるみん認定・えるぼし認定）》

《女性のからだ・がん研修》

《女性活躍の地域創生・国際女性デー／HAPPY WOMAN FESTA》

～シルバー人材活躍～

《シルバー人材の活躍事例集》厚生労働省

～障害者人材活躍～

《障害者雇用好事例集》厚生労働省

～若者育成・支援～

《若者雇用促進総合サイト》厚生労働省

《若者の採用・育成に積極的な企業の『ユースエール認定』》厚生労働省

《若者技能人材育成支援事業》厚生労働省

～働き方改革・人材確保支援・相談窓口～

《人材確保支援・働き方改革支援策マニュアル》
内閣府・金融庁・厚生労働省・経産省

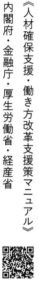

～次世代リーダーの活躍事例～

《次世代リーダー紹介》ＰＲ

《こども若者★いけんぷらす》こども家庭庁

～国際人のための日本文化総合講座～

《国際人としての『日本文化基礎教養講座』》ＺＥＮＤＥＮ

《木村麻子Profile・活動》

その他　ダイバーシティ・女性活躍・リーダー育成・ＤＥ＆Ｉ・地域創生

リーダー育成・セミナー・サポート等のご相談・お問い合わせ

contact@pr-produce.com

木村麻子

Asako kimura

株式会社PR代表取締役
令和5年度日本商工会議所青年部 会長（女性初）
一般社団法人全日本伝統文化後継者育成支援協会代表理事
2025大阪・関西万博具現化検討会有識者
2030北海道・札幌オリンピック・パラリンピッププロモーション委員会委員

香川県高松市出身
病弱な幼少期・OL時代を経て26歳で起業。

2004年 ブランディング・デザイン・PRサポート
イベント、教育事業を行う（株）PR創設。

多くの企業や新商品のブランディングやPRに携わる。
また、地域の伝統や文化を活かしたインバウンド、地域創生戦略企画や
女性や若い世代に選ばれるまちづくりのアドバイザーとしても活躍。

新時代の企業や組織づくり、女性活躍・DE&I
起業家支援・キャリアアップ支援などの企業研修や
リーダー育成のサポートなどの教育事業にも力を注ぐ。

また、一人の刀鍛冶との出逢いがきっかけとなり、
日本の伝統文化を世界へ
そして次世代へと伝え継ぎ、日本文化を世界文化へと発展させることを
目指して『全日本伝統文化後継者育成支援協会』設立、
代表理事に就任。

国内はもちろん、パリ、ドイツ、モナコなどの国交事業や
アフリカ53カ国開発会議（TICAD）首脳夫人文化プログラムの企画実施、
ANA国際線全線に日本の伝統文化を配信する
Genuinejapanチャンネルの企画制作に携わるなど、
多くの国際交流やPR企画に携わり日本文化を世界へと
伝える活動を行う。

2016年 モナコと日本の国交樹立10周年記念『グレースケリー展』
実行委員に就任後
日本の技術で世紀のウェディングとされるグレースケリーの
ウェディングドレスの制作総指揮を務め、
その再現性の高さが評価されモナコ公国アルベール太公より招聘、
ドレスはモナコ宮殿に永久保存されることとなる。
2019年 モナコアルベール太公初の瀬戸内視察などの
コーディネート・アテンドも務める。

〈受賞歴〉
2019年 令和を代表する女性起業家に贈られる日本最大級のAward
【ASIA GOLDEN STAR AWARD2019 女性起業家賞】受賞
（令和元年）
2017年【国際文化藝術賞】受賞
2013年 新しい国際ビジネスモデルとしてニュービジネス準グランプリ（経営者約1,600名の投票） 他

[アチーブメントのSNSはこちら]

X(旧ツイッター)

@achievement33

フェイスブックページ

https://www.facebook.com/achievementcorp/

インスタグラム

achievement_message

新時代の組織づくり

2024年(令和6年)4月11日 第1刷発行

著　者　木村麻子

発行者　青木仁志

発行所　アチーブメント株式会社

〒135-0063　東京都江東区有明3-7-18 有明セントラルタワー19F

TEL 03-6858-0311(代)／FAX 03-6858-3781

https://achievement.co.jp

発売所　アチーブメント出版株式会社

〒141-0031　東京都品川区西五反田2-19-2 荒久ビル4F

TEL 03-5719-5503／FAX 03-5719-5513

https://www.achibook.co.jp

装丁　中村理恵

本文デザイン　田中俊輔

編集協力　オフィスプレーゴ

図版協力　井上綾乃(funfundesign)

校正　聚珍社

印刷・製本　株式会社光邦

ISBN978-4-86643-134-5